JAN PHILIPP REEMTSMA
Einige Hunde

für Franz

INSEL VERLAG

Insel-Bücherei Nr. 1432

© Insel Verlag Berlin 2017

Ohne einen Hund, das war meines Großonkels unumstößliche Ansicht, sei ein allegorisches Gemälde – es handle sich, um was es wolle – schlechterdings unvollkommen.

> Kurt Kusenberg, *Ein dummer Mensch*

Es waren hauptsächlich Hunde, aber es gab auch einen oder zwei Mungos (…)
An die Menschen hatte er sich mit der Zeit gewöhnt …
an die Hunde nie.

> James Gordon Farrell, *Die Belagerung von Krishnapur*

1 Max Liebermann, Paar mit Hund im Kahn

In Max Liebermanns Radierung *Im Kahn* sitzt ein Paar – Mann und Frau – in einem Boot und rudert über ein Wasser, vermutlich einen See. Genauer: die Frau rudert, Rücken zum Bug, der Mann sitzt hinten und sieht nach vorn, er steuert das Boot bzw. adjustiert den Kurs mit einem kräftigen Stock. Am Heck, gleich hinter dem Mann, ein Hund, der nach hinten und in die Weite sieht.

Ist man einmal darauf aufmerksam geworden, fällt einem zunehmend auf, wie viele Hunde es in der Malerei gibt.[1] Hundeporträts, Jagdszenen (die ohne Hund schwerlich auskommen), Damen mit Schoßhündchen, Männer mit Doggen – Hunde als Accessoires, die das Bild mit einer optischen oder genrespezifischen Auflockerung versehen – und Hunde, die seltsam prominent im Bild erscheinen, ohne daß man, auf den ersten Blick, zu sagen vermöchte, was sie da eigentlich zu suchen haben.

Da ist, zum Beispiel und besonders merkwürdig, Rembrandts *Der barmherzige Samariter*.[2] Ohne den Titel wüßte man nicht, was das Bild darstellt. Es gibt viele malerische Darstellungen des Gleichnisses (Lk 10, 25 ff.), in der Regel sieht man den Verwundeten am Wegrand und den Helfer, der sich über ihn beugt, ihn stützt, ihn auf sein Pferd legt.[3] Bei Rembrandt spielt die Szene vor einem großen, wiewohl baufälligen Haus, wohl einer Herberge – zitieren wir die Beschreibung, die Goethe von dem Bild angefertigt hat: »Man sieht vorn ein Pferd fast ganz von der Seite; ein Page hälts am Zaum. Hinter dem Pferde hebt ein Hausknecht den Verwundeten so eben herab um ihn ins Haus zu tragen, in welches eine Treppe durch einen Balkon hineinführt. Unter der Thür sieht man den wohlgekleideten Samariter welchem der Wirt einiges Geld gegeben hat und ihnen den armen Verwundeten ernstlich empfiehlt. Gegen den linken Rand zu sieht man aus einem Fenster einen jungen Mann herausblicken, mit einer durch eine Feder verzierten Mütze. Zur rechten sieht man einen Brunnen aus welchem eine Frau Wasser zieht. Dieses Blatt ist eines der schönsten des Rembrandischen Werkes, es scheint mit der größten Sorgfalt gestochen zu sein und ohngeachtet aller Sorgfalt ist doch die Nadel sehr leicht.«[4]

Der Blick des Betrachters wird zuerst auf den Punkt, an dem sich die Diagonalen kreuzen, gelenkt: das mürrische Gesicht des Knechts, der den Verletzten ablädt. Der Blick mag dann nach links zum pferdehaltenden Knecht (dem »Pagen«) gehen, hinter dem eine Treppe zum Torbogen führt mit dem Paar Wirt / Samariter. Oder man sieht vom ersten Knecht zum Verletzten, der sich, vom Knecht gehalten, zusätzlich an einem Mauerstück festhält, das den kleinen Vorplatz zum Torbogen begrenzt – und noch etwas weiter. Im Vordergrund nämlich, immer

2 Rembrandt, Der barmherzige Samariter

mehr die Aufmerksamkeit auf sich ziehend, wiewohl von Goethe nicht erwähnt,[5] ein kackender Hund. »Kackende Hunde findet man öfters in der Kunst des 17. Jahrhunderts, vor allem in Genredarstellungen«, weiß der Katalog zur Ausstellung des Berliner Kupferstichkabinetts *Wir kommen auf den Hund*. Jedoch: »In Historienbildern, Bildern der Kunstgattung, die am höchsten eingestuft wurde, erwartet man dieses vulgäre Motiv nicht.«[6]

Der Katalog interpretiert den peinlichen Hund als Allegorie der Gleichgültigkeit, die die im Gleichnis erwähnten, nicht zur Hilfe Bereiten gezeigt haben, die der Mann im Fenster vielleicht ebenfalls zeigt und zu deren Darstellungskreis auch der Knecht/Page gehört, der dem Verwundeten vom Pferd helfen soll (er »hat ein verdrießlich angestrengtes Gesicht«, schreibt Goethe[7]): »Der Hund, der hier überaus realistisch wiedergegeben ist, mag als die Verkörperung für die niederen Instinkte der Menschen in der Geschichte stehen.«[8] Man wird das (den Hund als Bedeutungsträger) nicht von der Hand weisen können – der Hund ist zu prominent im Bild, daß er nicht interpretiert werden möchte. Meine erste Assoziation, als ich das Bild zum ersten Mal sah, war: »Drauf geschissen!«

Goethe, wie gesagt, erwähnt den Hund nicht – man kann darüber spekulieren, ob der junge Goethe sich seiner angenommen hätte. Wie auch immer, der alte interpretiert so: »Auffallend ist, daß der Verwundete, anstatt sich dem Knechte, der ihn forttragen will, hinzugeben, sich mühselig mit gefalteten Händen und aufgehobenem Haupte nach der linken wendet, und jenen jungen Mann mit dem Federhute, welcher eher kalt und untheilnehmend als trutzig zum Fenster heraussieht, um Barmherzigkeit anzuflehen scheint. Durch diese Wendung wird er dem, der ihn eben auf die Schulter genommen, doppelt lästig, man siehts ihm am Gesicht an, daß die Last ihm verdrießlich ist. Wir sind für uns überzeugt, daß er in dem trotzigen Jüngling am Fenster, den Räuberhauptmann derjenigen Bande wieder erkennt, die ihn vor kurzem beraubt hat und daß ihn in dem Augenblick die Angst überfällt, man bringe ihn in eine Räuberherberge; der Samariter sey auch verschworen ihn zu verderben. Genug er findet sich in dem verzweiflungsvollsten Zustand der Schwäche und Hilflosigkeit.«[9]

Der Interpretation ist widersprochen worden: »Nach Heiland / Lüdecke beruht Goethes Beschreibung des Stiches allerdings ›jedenfalls zu einem wesentlichen Teil‹ – auf einer für Goethes Sehen charakteristischen Täuschung (…). Goethes Bemerkung, daß der Verwundete, der ins Haus getragen wird, in dem aus dem Fenster blickenden Mann mit Federhut den Räuberhauptmann derjenigen Bande wiedererkenne, die ihn überfallen hat (…), trifft nicht den Inhalt des Blattes. Rembrandt hat zweifellos in diesem müßigen Zuschauer – wie auch in dem seine Notdurft verrichtenden Hund im Vordergrund – die ›Gleichgültigkeit des Weltgeschehens dem Unglück und Leiden gegenüber verbildlicht.‹ – Nach Münz wurde Goethes irrtümliche Deutung durch das in seiner Sammlung befindliche Exemplar der Radierung begünstigt, auf dem das Gesicht des Verwundeten zufällig so verändert ist, daß es in Goethes Sinne gedeutet werden kann.«[10]

Gleichwohl gibt es ein starkes Argument für Goethes Perspektive, ganz gleich, wie sehr sein Exemplar von anderen abweichen mag (das Exemplar aus dem Berliner Kupferstichkabinett zeigt ein Gesicht, das seine Interpretation keineswegs ausschließt): nicht das Gesicht, den *Blick* des Verletzten. Er schaut nämlich den Mann mit dem Federhut an, was er nicht täte, gäbe es dort nicht etwas Besonderes zu sehen. Die Geschichte, die dargestellt ist, legt einen anderen Blick nahe, den auf den Samariter und den Wirt. Eine andere Möglichkeit wäre, sich dem Knecht zu überlassen, der ihm vom Pferd hilft (»anstatt sich dem Knechte, der ihn forttragen will, hinzugeben«). Dann würde er nach unten sehen, um sicheren Tritt zu finden und dann die Treppe hinauf gestützt zu werden. Sein Anklammern an die Mauer hilft dem Knecht nicht, es unterbricht den Vorgang des Vom-Pferd-Herabhelfens und ermöglicht dem Verwundeten, seinen Blick auf den Mann-im-Fenster zu richten. Diese klammernde Geste, die der Verletzte macht, um sehen zu können, ist das dramatische Zentrum des Bildes (gerade oberhalb des mürrischen Gesichts des Knechtes, auf das der Blick des Betrachters zunächst fällt und das dadurch eine eigene Deutung erhält: der Verletzte macht es ihm schwer, er unterbricht das Herabhelfen, der Knecht muß ihn stützen). Eine Interpretation des Stiches, der diese Aktion und den Blick nicht zu deuten vermag, wird ihm kaum gerecht werden, und Goethes Deutung ist eine mögliche, und schwerlich wird man aus dem Stoff der Geschichte etwas Plausibleres gewinnen.

Und was ist mit dem Hund? Sollen wir uns mit der allegorischen Deutung des zitierten Kommentars zu Goethes Deutung zufriedengeben? Der Kommentar gibt im Grunde zwei Interpretationen, einmal »niedere Instinkte« (sprich: animalische), zweitens »Gleichgültigkeit«. Was nicht dasselbe ist, und nicht in eine Deutung quasi-synonymisch verknetet werden kann. Auch kann eine tierische Eigenschaft, in diesem Falle ohne menschlich/soziale Scham bei der Ausübung körperlicher Verrichtungen zu sein, nicht gut als Allegorie (es sei denn als mißratene) für das Verfehlen von Mitmenschlichkeitsforderungen taugen.

Allegorisierende Deutungen – abgesehen von solchen, die Kunstwerke betreffen, die in expliziter Tradition der Allegorie als Stilmittel stehen – geraten oft etwas platt. Das stört besonders, wenn sie im Zusammenhang differenzierter Bildkunst ins Spiel gebracht werden. Da ist ein Künstler, zu feinsten Nuancen in der Präsentation des Dargestellten und in der Selbstpräsentation der Darstellungsform fähig, ein Künstler zudem, der ein klassisches Sujet (der Samariter findet den Verwundeten am Wegesrand) zitiert, aber nicht darstellt, sondern die Folgehandlung: der Samariter verschafft dem Gefundenen ein Nachtquartier. Er hat und nutzt (wenn man der Goetheschen Interpretation nicht folgt) die Möglichkeit, Gleichgültigkeit, das Thema der nur zitierten Vorgeschichte (der Verletzte wird von Vorüberziehenden liegengelassen), im Bild unterzubringen: Die Magd macht sich am Brunnen zu schaffen, der Gast sieht allenfalls beiläufig-interessiert zum Fenster hinaus, der Knecht, der das Pferd hält, tut, was er immer tut, der Knecht, der den Verwundeten ablädt, macht ob der Last ein mürrisches Gesicht… – und der Hund kackt. Braucht es den? Nun, jedenfalls ist für ihn Raum gelassen, der ohne ihn leer wäre – anders gesagt: Rembrandt hat den Raum *geschaffen, um* den Hund seine Notdurft (um die anthropozentrische Vokabel zu verwenden) verrichten zu lassen. Der Hund ist im Bild eine optische Pointe, und so ist, was ihn sein Maler tun läßt, das auch.

Aber nicht als Allegorie. Auch als Symbol taugt so ein Köter nicht. Wenn Grünewald unter das Kreuz ein Lamm stellt, ist das ein klassisches Symbol – ohne Plausibilisierung mittels eines Kontextes durch das Dargestellte (unter den Jüngern ist kein Hirte, der etwa ein Lamm aus seiner Herde zur Kreuzigung mitgebracht hätte). Das Lamm ist Agnus Dei punctum. Hunde sind keine Symboltiere, sie kommen in keinem Symbolkatalog vor, und wenn man sich necessitiert findet, mehr zu ihnen zu sagen, als daß da eben ein Hund im Bild ist, weil er von der Sache her (ein Hüte-, ein Jagdhund) gebraucht wird, dann muß man über den vorliegenden Einzelfall riskant spekulieren.

Hunde kommen oft vor. Sie werden porträtiert, wie andere Haustiere auch, sehr häufig Pferde, zuweilen Kühe oder Schafe (auch Wildtiere können Porträttiere sein: Hirsche, Löwen). Sie gehören zu bestimmten Szenarien wie eben Jagd oder Herdenhüten. So kommen sie als Begleiter von Jägern oder Hirten vor. Lambert Doomer zeichnet ein Bauerngehöft [11], dessen optische Mitte [12] ein Hund einnimmt, der von links nach rechts über den Hof trottet. Alles, was sonst auf dem Bild zu sehen ist, wirkt wie eine Rahmung: das Bauernhaus, die Speicher, die beiden Hofknechte mit ihren Eseln, das Dorf mit Kirche im Hintergrund, der Baum am rechten Bildrand. Auch daß noch weiter im Vordergrund, aber im Schatten, ein weiterer Hund, ein größerer, zu sehen ist, der da liegt und schläft, lenkt den Blick (wie alles andere auch) nur kurz von dem trottenden Hund ab. Der ist die Seele des Bildes.

3 Lambert Doomer, Einfahrt in ein Gehöft

Man verstehe das weder in irgendeinem allegorischen noch in einem symbolischen Sinn. Hier fällt die Realistik des Bildes – es könnte ein Zufallsschnappschuß sein – mit der Empfindung zusammen, die man beim Betrachten hat: das Bild ist eine Hommage an den Hund (wer mag, kann ergänzen: »als solchen«).

Der Hund spielt in der Evolutionsgeschichte des Menschen eine so große Rolle, daß das nicht verwundern sollte. Man meint inzwischen, daß der Hund das erste domestizierte Tier gewesen ist – und es gibt auch die Meinung, die Durchsetzung des Homo sapiens auf Kosten der Nachkommen einer anderen Menschenart, des Homo erectus, die wir »Neanderthaler« oder »Peking-Menschen« nennen, deren Schauplatz also Europa und Asien gewesen ist, sei auf die Domestizierung des Wolfs, resp. die Erfindung des Hundes[13] zurückzuführen.[14]

Wer lange genug mit Hunden gelebt hat, dem kommt eine Abwandlung dessen in den Sinn, was Montaigne von seiner Katze gesagt hat: er wisse nicht, ob er mit seiner Katze oder seine Katze mit ihm spiele. Hat der Mensch den Hund domestiziert oder der Hund den Menschen zum Hundehalter gemodelt? Wie es vorgegangen ist, weiß man nicht, ich stelle es mir folgendermaßen vor: Die Wölfe oder Prä-Hunde, die die Nähe der Menschen nicht suchten, aber fanden und dann von den Menschen auf irgendeine Weise aufgenommen und genutzt wurden, waren die Verlierer, sagen wir: under-dogs ihres Rudels, die, die die schlechtesten Bissen abkriegten, wenn überhaupt welche. Eine Mischung aus Resignation und Kühnheit mag einige von diesen in die Nähe der sonst gemiedenen Feuer der Menschen getrieben haben, dorthin, wo, in sicherer Entfernung, Reste der Menschenmahlzeiten lagen, unzureichend ausgelutschte Markknochen mit Fleischfetzen daran. Wer nicht vertrieben wird, traut sich näher. Und dann flog der eine oder andere bessere Bissen in ihre Richtung.[15] Ein langsamer[16], aber, historia docet, unaufhaltsamer Prozeß. Es ist noch nicht lange her, daß sich Verhaltensforscher der Frage zugewandt haben, was dieser jahrtausendealte Symbiosezustand bewirkt hat. Natürlich ist es haltlose Sentimentalität, wenn einem Hundehalter versichern, ihr Liebling verstehe »jedes Wort« oder ihre Gefühle oder Hinweise. Nur daß letzteres nicht ganz so abwegig ist – man hat sich nur des sentimentalen Getues wegen nicht recht damit beschäftigen wollen, auch bestand das Vorurteil, daß wenn es Tiere gäbe, die menschliche Gesten und vielleicht verbale Ansagen verstehen könnten, es Primaten sein müßten, vorzugsweise Schimpansen. Der Primat der Primaten wankt aber seit einiger Zeit. Man hat festgestellt, daß Vögel, etwa Krähen, nicht nur Gegenstände (Halme, Zweige) als Hilfsmittel gebrauchen können, sondern sie sogar zu Hilfsmitteln zurechtbiegen. Sie können also

Werkzeuge herstellen – was man (und auch erst relativ spät) allenfalls Schimpansen zubilligte.

Was ein Schimpanse nicht kann, ist lügen. Wenn man eine Leckerei unter einem Napf versteckt, den er bloß anzuheben braucht, um daranzukommen, man aber, bevor er das tun kann, einen ranghöheren Schimpansen in den Käfig läßt, wird der Rangniedere es nicht fertigkriegen, anderswo hinzusehen als auf den vermaledeiten Napf, so lange, bis der andere das merkt und sich den Leckerbissen holt. Sind die Versuchstiere zwei Hunde, kann der rangniedere Hund die Beherrschung aufbringen, nicht hinzusehen, sondern so tun, als wäre anderswo Interessantes zu sehen. Man könnte sagen, daß mit dem Lügen die Kultur (phylo- wie ontogenetisch) beginnt – es ist der Ausweis, daß man eine alternative Realität bilden kann. Adam&Eva im Paradies konnten erst nach dem Sündenfall lügen / heucheln (und erst dann den Konjunktiv benutzen). – Es gibt Hunde, die sich augenscheinlich von Gesten und Zurufen ihres vertrauten Menschen (vulgo: »Herrchen«) lenken lassen, um etwas zu finden. Es gibt Hunde, bei denen nicht einmal der Verdacht aufkommt, sie vermöchten so was. Hunde sind sehr verschieden, was solche Fähigkeiten angeht. Manchen Hunden wirft man einen Stock oder Ball auf eine ungemähte Wiese, wo er nicht mehr zu sehen ist, allenfalls irgendwelche Geruchsspuren zu vermuten sind.

Der eine Hund rennt los, dorthin, wo er meint, daß der Gegenstand hingefallen ist, findet nichts und ist ratlos, bellt vielleicht. Der andere beginnt ein komplexes Netz von Suchläufen, als würde er die Wiese in Planquadrate einteilen – was nicht immer zum Erfolg führt, aber sich vom Benehmen des ersten Hundes gravierend unterscheidet. Es gibt Hunde, die die gesamte Topographie eines Hauses und Gartens im Kopf haben. Ich werfe von einem Balkon im zweiten Stock einen Ball auf eine große Wiese vor dem Haus, der Hund sieht nur die Geste und hört den Ball aufprallen. Er läuft treppab durch das Haus, aus dem Haus durch eine Tür auf der wieseabgewandten Seite, einen Weg um einen Teich herum, auf die Wiese und findet den Ball auf Anhieb.

Ein anderes Experiment: Ich werfe während eines Spaziergangs einen Ball voraus, aber so, daß er jenseits eines neben dem Weg herlaufenden Zauns liegenbleibt. Hund A rennt los auf dem Weg, auf dem wir gehen, aber da ist der Ball nicht, und der Hund gibt ratlos auf. Hund B tut zunächst dasselbe, stutzt, bleibt stehen, verharrt eine Weile und kehrt dann um, rennt zurück, dorthin, wo der Zaun anfing, rennt auf der anderen Seite des Zauns wieder in die ursprüngliche Richtung, bis er den Ball findet, kehrt wieder um und bringt den Ball. Man muß das Stutzen und Verharren nicht »es fiel ihm etwas auf« und »dann dachte er nach« nennen – aber wie sonst?

Jedenfalls konnte Hund B anders als Hund A den Impuls, nach vorne zu rennen, überwinden und zu einer eher Erfolg versprechenden Strategie wechseln.

In der langen Symbiosegeschichte von Mensch&Hund sind solche Ereignisse millionenfach vorgekommen, und so haben sich Hunde auch in die Literatur geschlichen (Odysseus wird zunächst von seinem Hund, erst dann von der Magd, von seiner Frau gar nicht erkannt; es gibt berühmte Romane wie *Wolfsblut*, Geschichten wie *Krambambuli*, in meiner Jugend gab es *Rennie der Retter. Aus dem Leben eines Kriegshunds*, bekannter sind die Namen »Rin-tin-tin« oder »Lassie«, im Comic »Rantanplan«). Man wird auch dem Hund in der Malerei Aufmerksamkeit widmen müssen – und zwar über das realistisch-Abbildliche hinaus, das es zuhauf gibt und wo kein interpretierendes Bemüh'n vonnöten ist, auch unschwer enervierend wirkte.

Was den Hund, anders als die Kuh, zu einem über sein bloßes im Zweifelsfall herumstehendes oder -liegendes Vorhandensein auf einer Wiese oder einem Hof potentiell bedeutungsvoll macht, ist eben seine Symbiosegeschichte und ihre unterschiedlichen (die Hunde A und B) Resultate. Der Hund ist ein Zwittergänger zwischen Naturwesen und der Möglichkeit, ein klein wenig mehr zu sein. Die Katze, die auch ihren Ort beim Menschen hat, ist da anders. Katzenfreunde betonen das: sie sei unabhängig, habe ihren eigenen Kopf, sei nicht liebedienerisch und so weiter. Tatsächlich ist sie bloß kein Hund. Ihre Symbiosegeschichte ist eine andere gewesen. Der Hund war als Wachtier, als Zugtier, als Jagdtier, als Anschmiegetier (weit mehr als die weichere Katze, weil sich dem Bedürfnis des Menschen fügend) nützlich, die Katze nur als Mäusevertilger. Und, will man sie essen, so ist an Hunden in der Regel mehr »dran«. Das Zwittrige erlaubt, den Hund (wie die Katze, wie das Pferd und die Kuh) »nur so« darzustellen, als Porträt oder als Accessoire, aber eben auch als Wesen, in das man etwas hineinsehen kann, ein »Mehr«, wobei aber nie ganz klar ist, worin es besteht und wann dieses Mehr in schiere (tendenziell lächerliche) Projektion übergeht. Das Problem stellt sich auch für die Betrachtung von Hunden auf Bildern.

Es gibt auch individuell zugeordnete Hunde. Da ist das Rokokofräulein mit dem Schoßhund,[17] Monets Porträt von Eugénie Graff mit Hund,[18] Gainsboroughs *William Lowndes, Auditor of His Majesty's Court of Exchequer* mit dem kleinen Hund, der aussieht wie sein Herr, jung, lebendig und neugierig[19], *A Young Girl and her Dog* von Joshua Reynolds (Darstellung des Kuschelhundes par excellence),[20] obwohl das Mädchen etwas keck dreinschaut, und, recht befremdlich, Greuzes *The Souvenir (Fidelity)*,[21] wo ein verzücktes Mädchen, die Augen

gen Himmel gedreht, einen Hund – wohl ein Geschenk und Treueversprechen ihres nun abwesenden Liebhabers – an sich drückt, aber da ist der Hund eindeutig ein ebenso unleugbarer wie grobschlächtiger Symboleinsatz. Da ist andererseits Lucian Freuds Dame mit dem entblößten rechten Busen, auf deren linkem untergeschlagenen Bein ein Bullterrier ruht (*Girl with a White Dog*)[22], ein Bild, das wie ein Gegen-Stück zu Georges Clarins Porträt von Sarah Bernhardt wirkt, auf dem sich das Seidenkleid der auf ihren Diwan tatsächlich Hingegossenen gleichsam fortsetzt in ihrem Hund, der mit sehr wachen Augen zu ihren Füßen liegt.[23] Schließlich das Selbstbildnis Courbets mit überheblich-überlegenem Gesichtsausdruck und einem ausgesprochen dunklen Hund an seiner Seite.[24] Solche Paarungen verführen stets dazu, in ihnen mehr zu sehen als eine Abbildung dessen, was der Maler zufällig vorfand, schon darum, weil er diese Paarung eben *nicht* vorfand, sondern als Bild-Sujet wählte und das Arrangement so und nicht anders gestaltete.

Gewiß, was ließe sich zu Nicolas Ponces *L'innocence sous la garde de la Fidelité*[25] anderes sagen, als was zu sehen ist: ein schlafendes Baby auf einem Bett, von dem man nur das Kopfkissen sieht, ein wachender Hund, Kopf an Kopf mit dem Baby – und was der Titel sagt? Ließe sich zu Otto Dix' *Hugo Erfurth mit seinem Schäferhund Ajax* mehr sagen, als was der Titel sagt und das Bild dar-

4 Louis Marin Bonnet, *The Pleasures of Education*

5 Claude Monet, *Eugénie Graff*

6 Thomas Gainsborough, *William Lowndes*

7 Joshua Reynolds, *A Young Girl and her Dog*

8 Jean Baptiste Greuze, *The Souvenir (Fidelity)*

9 Lucian Freud, *Girl with a White Dog*

10 Georges Jules Victor Clairin, Sarah Bernhardt

11 *Gustave Courbet, Portrait de l'artiste, dit Courbet au chien noir*

12 Nicólas Ponce, Die Unschuld bewacht von der Treue

13 Otto Dix, *Bildnis Hugo Erfurth mit seinem Schäferhund Ajax*

stellt – Hugo Erfuth mit seinem Schäferhund? – Kommentar des Katalogs: *Wir kommen auf den Hund?*: »Eine besondere Würdigung erfahren Hunde in gemeinsamen Bildnissen mit ihren Besitzern. 1926 fertigte Otto Dix diese großformatige Zeichnung zur Vorbereitung für ein gemaltes Porträt des Fotografen, Sammlers und Kunsthändlers Hugo Erfurth an, der sich hier mit seinem Schäferhund Ajax zeigt. Der Hund ist nicht einfach ein Attribut, er ist gleichrangig porträtiert neben seinem Herrchen. Lediglich mittels der Weißhöhungen[26] wird die Betonung auf Erfurth gelegt. Wie um stummes Einvernehmen zu bekunden, blicken Tier und Mensch in dieselbe Richtung. Und doch ist es ein eigentümliches, ungleiches Paar, welches sich uns präsentiert: Erfurth im Anzug mit Krawatte und Nickelbrille, rundlichem Gesicht, eingezogenem Hals und leicht gebeugter Haltung. Imposant dagegen der im Vergleich zu seinem Herrn riesenhaft erscheinende Hund. Mit gespitzten Ohren, hängender Zunge und scharfen Reißzähnen sitzt er gespannt und wachsam neben ihm. Zweifellos ist es dieser vor Kraft und Angriffslust strotzende Schäferhund, der dem Porträtierten zu einigem Respekt seitens des Betrachters verhilft.«[27] Zumal man eher geneigt ist, »Dogge« statt »Schäferhund« zu assoziieren. Auf dem Gemälde, auf dem, wie man aus der Haltung schließen kann, der Mann steht, der Hund aber, damit die Größenverhältnisse, auf die es dem Maler wohl ankam, stimmen, auf einem unsichtbaren Podest sitzt, wirken Herr&Hund weniger verbunden als auf der Zeichnung. Den Betrachter kommt manchmal der Gedanke an, der Herr fühle sich und seinen Hund irgendwie vor einen Vorhang (der die Hälfte des Hintergrunds ausmacht) gestellt. Auf der Zeichnung sind sie näher beieinander, das Ganze hat etwas Zentaurenhaftes oder als ritte der Herr den Hund. Erfurths Gesicht ist, vergleicht man es mit Fotografien, etwas fülliger, fleischlicher, weniger markant. Das muß nichts heißen, es mag Zeit zwischen den Fotos und der Zeichnung/dem Bild liegen, Erfurth mag Fotos ausgewählt haben, die ihm besonders gefielen – und schließlich ist Dix Dix. Aber gerade das auf den ersten Blick Weiche des Gesichts, das zunächst scheinbar mit dem markant-aggressiven Hundekopf kontrastiert, wandelt sich bei näherem Hinsehen. Der Hund hat zwar ein geöffnetes Maul, das spitze Zähne aufweist (man ist versucht, von einem »Rachen« zu sprechen), die Ohren sind aufgerichtet, nach vorn gerichtet – aber er ist nicht »auf dem Sprung«, er wird auch nicht zurückgehalten – die heraushängende Zunge wirkt allerdings so. Der Kopf seines Herren ist leicht nach vorn gespannt, er ist viel mehr auf etwas vor ihm gerichtet. Auf dem Gemälde wirkt Erfurth allenfalls neugierig (mit einer Beimengung von Schüchternheit), auf der Zeichnung drängt er nach vorne. Er könnte den Hund loslassen und würde sich nicht der potentiellen Wildheit des Hundes anpassen, sondern diese für sich mobilisieren. Gerade weil der Hund zwar (potentiell) gefährlich aussieht, aber doch ruhig verharrt, färbt das Gefährlichkeitspotential auf den Herrn ab und ist doch in der fleischlichen Weichheit seines Gesichts wie versteckt, sprich: auf der Lauer. Deckt man den Hund ab, gewinnt das Gesicht an Aggressivität. Der maulaufsperrende Hund lenkt da etwas auf sich; gleichzeitig verleiht er der Aggressivität des Gesichts das Potential, auch zuzubeißen. Der Hund ist ein ausgelagerter Kommentar zum Porträt des Menschen.

Gehen wir noch einmal zum Bild von Rembrandt zurück. Wir haben die Gruppen betrachtet, die das Bild bilden. Wie sind sie verbunden? Die Köpfe der beiden Knechte und der der Magd, der des pferdehaltenden Knechts, der der Magd und der des Verwundeten, schließlich die Köpfe Knecht / Magd und der Kopf des Samariters bilden auf einander aufruhende Dreiecke. Ein weiteres verbindet den Mann am Fenster, das Paar Wirt / Samariter und den Pferdehalter. Schließlich bilden Samariter, Pferdehalter, Magd und Hund einen Rhombus. Man kann den Treppenbogen und die Schöpf-Vorrichtung am Brunnen als Rahmungen verstehen. Es finden sich noch mehr optische Zusammenhänge, die eine Art Gerüst bilden, das das Bild in einer ästhetischen Selbstverständlichkeit begründet, die von, wie wir gesehen haben, der inhaltlichen nicht unbedingt gedeckt wird. Ein Teil dieses optischen Gerüsts ist die, ich möchte es einmal so nennen: Kaskade, die von dem Paar Wirt / Samariter über den Verletzten und den stützenden Knecht und das Pferd, sein Hinterteil und sein linkes Hinterbein zum Hund hinab führt, dessen Rücken den linken Hinterhuf halb überdeckt.

Solche Kaskaden sind in der Malerei nicht selten. Eine der eindrucksvollsten ist Caravaggios *Grablegung Christi*,[28] wo von der die Arme zum Himmel streckenden Maria Magdalena über die zum Leichnam Christi hinuntergebeugte Maria und die Beine und Oberkörper des Leichnams haltenden Jünger bis zum Kopf Christi und schließlich seinen Arm und seine Hand und sein Grabtuch (beide berühren die Grabplatte) hinab eine einzige Bewegungslinie – erdzu abwärts ebenso wie mit abnehmendem Lamento – verläuft. Erste Versuche, eine solche Kaskade zu gestalten, finden wir bei einer Buchillustration aus der 2. Hälfte des 13. Jahrhunderts,[29] die auch die Grablegung zum Gegenstand hat, sowie auf dem Grablegungsfresco von Giotto (um 1305)[30] – bei beiden verläuft die Abwärtskaskade zwischen einem Lamento mit Handeinsatz (bei der Illustration Maria Magdalena, bei Giotto ein Jünger) über Maria zum Leib Christi.

Diese Kaskaden haben einen Sinn, der nicht weiter

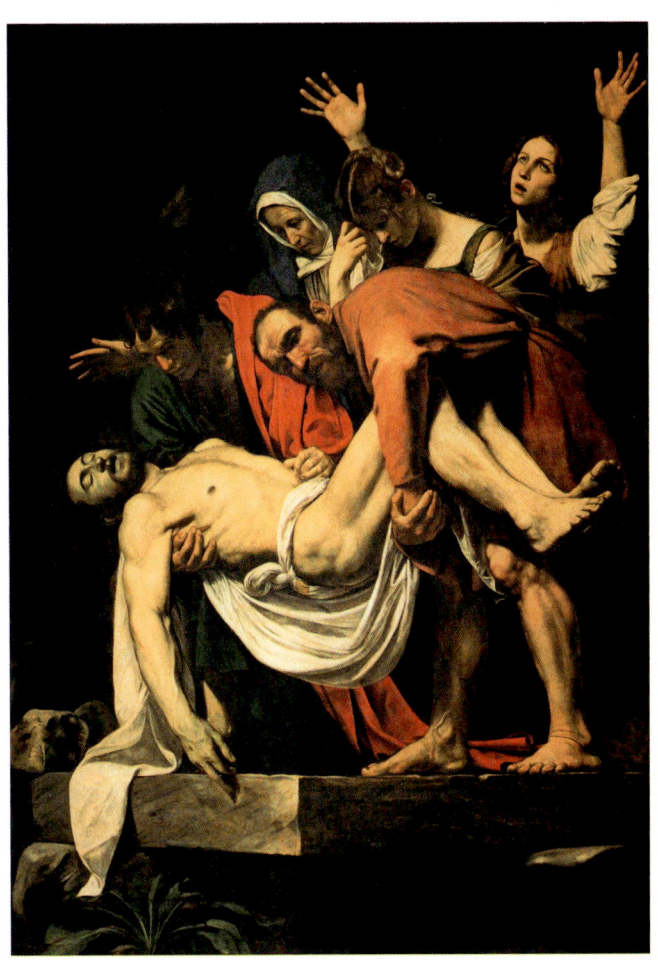

14 Caravaggio, Grablegung Christi

15 Giotto, Die Beweinung Christi

erläutert zu werden braucht. Bei Caravaggio kommt die Aufregung der noch entsetzten Trauer im Leichnam zur Ruhe – ob zur ewigen oder zum Moratorium bis zur Auferstehung sagt das Bild nicht, der Gläubige oder Ungläubige mag sich sein Teil dazu denken. Bei Giotto bildet zur Gruppe der Trauernden (die schon – bis auf die Kauernden – mit Heiligenscheinen versehen sind), optisch wie theologisch kompensierend, eine Engelschar am Himmel das Pendant. Die Kaskade bei Rembrandt hat keines. Kein offensichtliches – was sollte das auch sein: mit der Pointe eines kackenden Hundes? Nur daß dieser Hund eben eine optische Pointe auch in dieser Formation darstellt. Einerseits ist er der Endpunkt der Kaskade, andererseits unterbricht er sie. Sein Rücken ist wie eine Barriere, die die Bewegung aufhält. Zudem gibt es zu diesem Rücken (der Haltung des Hundes) keinerlei optische Entsprechung. Er gehört dazu und gehört nicht dazu, ist Climax und Anticlimax, nötigt so sehr, sich mit ihm zu befassen, daß – Goethe es vorzog, das gar nicht zu tun.

Es gibt noch eine Kaskade mit Hund, in die aber der Hund ohne optische Hemmung eingegliedert ist, das *Goldene Zeitalter*, ein Stich von Adriaen Matham (nach Hendrick Goltzius).[31] Ein üppiges Bild mit allerlei bedeutenden Gestalten, einzeln oder gruppiert, hier und da ein Hund, ein riesiger Reichsapfel mit Füllhorn unter dem Kreuz, davor eine durchaus heidnische Vegetationsgottheit, nennen wir sie Frühling, über allem, hoch in den Wolken (!) zwar der Tod, im Vordergrund aber Stadien der Liebe, eine Mutter mit einem Knaben, der zu ihren Brüsten emporstrebt, die Kaskade aber bilden eine nackte Dame, ein nackter Jüngling und ein Hund (von oben nach unten). Die Dame reicht dem Jüngling in seine ausgestreckte linke Hand ein Buch, der Jüngling blickt auf – nicht zum Buch, nicht zu ihrem Gesicht, sondern sieht ihr sehnsüchtig auf den Busen –, seine rechte Hand ruht auf der Rasenbank, auf der er sitzt, und hält eine Blume, die dort wächst. Der Hund sitzt vor der Rasenbank und blickt die Kaskade hinauf, die also vom Haar der Dame über ihren Körper und den des Jünglings von rechts oben nach links unten über die Blume, den Kopf und Rücken des Hundes bis zu dessen Schwanzspitze geht. Das Bild ist unerhört unanständig.

Wo beginnen? Vielleicht mit dem Frühling, einem gleichfalls Nackten mit einem Kranz auf dem Haupt, einem flatternden Tuch um Hals und Schulter, das ein starker Wind, von dem man sonst auf dem Bild nichts bemerkt, flattern läßt, und einem Tuch, von dem man nicht weiß, wie es befestigt ist, das sein Genital und seinen halben linken Oberschenkel verdeckt. Nun ja – verdeckt –, es läßt einen Teil zumindest des, drücken wir uns medizinisch aus, Scrotums sehen. Das wäre nicht nötig

16 Adriaen Matham, Das Goldene Zeitalter

gewesen, wäre es nicht darauf angekommen. Ich zeige fast so viel, wie ich verberge, heißt das Signal. Und so besehen ist die Kaskade ein besonderes Spiel in dieser Hinsicht. Die Hand der Dame, die in unnötig komplizierter Gebärde das Buch in die Hand des Jünglings gibt, zusammen mit der Hand eines Knaben, der sich von links zwischen Dame und Jüngling drängt und die Geste des Jünglings zu imitieren scheint, pointieren und rahmen (zusammen mit dem langen Haar der Dame) ihren Schoß – dem optischen Pendant zum Genital des »Frühling«. Das Genital der Dame, das Genital des »Frühling« und – nein, nicht der Schoß des mit geöffneten Beinen dasitzenden Jünglings, sondern die Blume, auf der die Hand des Jünglings liegt, bilden (nahezu) ein gleichseitiges Dreieck. Es gibt eine weitere Blume, sie wächst zwischen den geöffneten Schenkeln des Jünglings. So, wie zwischen den Schenkeln der erwähnten Mutter-mit-Kind Gräser wachsen, die sich zu dieser Blume hinneigen.

Und der Hund? Er sieht zu – genauso könnte man sagen, daß er an der Blume, die die rechte Hand des Jünglings umfaßt, schnuppert. Honi soit – es ist ein Goldenes Zeitalter,[32] anything goes, und die allegorische Figur der Justitia (mit Waage und Schwert) und die keusche Jungfrau Diana (mit entblößter Jägerinnenbrust und Hund) ist ebenso weit im Hintergrund wie eine Priesterin mit rauchendem Opfergefäß. Der Trieb tummelt sich allenthalben, von der Sublimation (dem Buch, ich wette, es ist von Ovid[33]), das den Blick ablenkt, um ihn um so deutlicher zu zentrieren, bis zum Animalischen, kurzum angeblich Natürlichen und Ubiquitären – man beachte den Kürbis am unteren Bildrand mit seinem deutlich sichtbaren Spalt.

Rembrandts Hund setzt die Kaskade fort – und unterbricht sie. Beides pointiert ihn optisch. Ferner ist noch bemerkenswert, daß Rembrandt dasselbe Arrangement schon einmal – und zwar weit vor dem Stich – gemalt hatte: ohne Hund.[34] Man kann diesen Hinweisaufwand nicht als bloße Folge der Wahl, die Samariter-Geschichte weiterzuerzählen und in ein ländliches Ambiente zu versetzen, um die Wahl glaubwürdiger zu machen, deuten. Rembrandt habe Hunde gemalt, schreibt Pickeral, »often to comment the scene«.[35] Das ist hier offensichtlich der Fall. Die erste Assoziation, die ich oben notiert hatte (»Drauf geschissen!«) ist wohl so abwegig nicht gewesen. Ob man nun Goethes Interpretation folgt, und die Einquartierung des Verwundeten durch den Samariter die voraufgegangene Rettung zunichte machen wird, oder ob es ein Kommentar zur Moral-von-der-Geschicht als solcher ist, daß das Reden von guten Vorbildern die Menschen nicht bessern wird (also eine Argumentation analog der Lessings gegenüber Nicolai und Mendelssohn in den *Briefen über das deutsche Trauerspiel*), wird man nicht mit Bestimmtheit sagen können. Entscheidend hier, daß Rembrandt, als er das Thema wieder aufnahm, etwas hinzusetzte, das entweder eine Revision der moralischen Bildidee war oder eine Pointierung darstellte, die etwas deutlich machen sollte, das zuvor übersehen werden konnte (letzteres würde für Goethes Interpretation sprechen, der dann zu Recht den Hund übersehen konnte, lieferte seine Deutung doch den Kommentar durch den scheißenden Hund gleich mit).

Kot – und sein öffentliches Sichtbarwerden – ist das A-Zivilisatorische schlechthin.[36] »Der Unreinliche«, schreibt Sigmund Freud in *Unbehagen in der Kultur* (in einer Fußnote), »d. h., der, der seine Exkremente nicht verbirgt, beleidigt also den Anderen, zeigt keine Rücksicht für ihn, und dasselbe besagen ja auch die kräftigsten, gebräuchlichsten Beschimpfungen. Es wäre auch unverständlich, daß der Mensch den Namen seines treuesten Freundes in der Tierwelt als Schimpfwort verwendet, wenn der Hund nicht durch zwei Eigenschaften die Verachtung des Menschen auf sich zöge, daß er ein Geruchstier ist, das sich vor Exkrementen nicht scheut, und daß er sich seiner sexuellen Funktionen nicht scheut.«[37] Das eine haben wir bei Rembrandt, das andere im »Goldenen Zeitalter«.

Der Hund als Kommentar-Tier, nicht nur bei Rembrandt, auch anderswo? In Hendrick Goltzius' *Sünden-*

fall[38] sehen wir Adam und Eva am Baum, Eva greift mit der Linken nach dem Apfel, den die Schlange, um einen Ast gewunden, im Maul hält und ihr anbietet. Eva blickt dabei nicht auf die Frucht, sondern auf Adam, der wiederum blickt Eva an, seine Linke macht eine Geste, die rhetorisch sein könnte (à la »nun ja, weißt du, ob wir wirklich …«), ist aber vielleicht nur eine Übergangsgeste, denn das der Hand Nächstliegende ist Evas (rechter) Busen, und so wäre die Geste ein Pendant zum Apfelgriff. Im Hintergrund Getier, ein Löwe, ein Hirsch, friedlich, noch ist das Paradies intakt, es ist ja die Szene, in der das Paradies durch den Apfelgriff zerstört wird, aber zwischen Adam & Eva finden wir etwas Unerwartetes, einen Hund. Was soll ein Hund auf einem Sündenfallbild? Kommentiert der Hund das Geschehen? Aufmerksam gemacht durch die optischen Konstruktionen im *Goldenen Zeitalter*, sehen wir auch hier ein (nahezu) gleichseitiges Dreieck, gebildet aus Adams und Evas Genitalien – und der Nase des Hundes, des Geruchstiers. Hier (oder vielleicht schon vorher, beim *Goldenen Zeitalter*) mag einem John Cleese als Hotelbesitzer Basil Fawlty (in der TV-Serie *Fawlty Towers*) einfallen, der sich in einen Nervositätsanfall verstrickt, als er hört, das Ehepaar, das gerade eingecheckt hat, seien zwei Psychologen. Er möchte sagen, daß solche Leute sich ungehörigerweise in die Privatangelegenheiten anderer Leute mischen (u. a. fürchtet er sich davor, man könnte es ihm ansehen, daß er und seine Frau schon seit langem nicht mehr miteinander schlafen), stottert aber etwas heraus wie: »… they stick their noses into the private parts of other people.«

In der Psychoanalyse kann, wie ich mir habe sagen lassen, das Auftreten eines Hunds im Traum oft als Repräsentanz der ubw-Triebwünsche verstanden werden. Nicht: die Wünsche selbst, sondern ein gesonderter Hinweis:, ein »cave!« oder »merke!«[39] Das wäre dann eine interessante Analogie zum Hund als Kommentar- bzw. Hinweis-Tier, dort wie hier ein »Merke!«. So besehen wäre ein Hund allemal am rechten Platz, wenn es um das erstmalige Erwachen des Triebes – die Hand Evas reicht den Apfel, die Hand Adams greift ihr an den Busen – geht. Merkwürdig ist nur die offensichtlich, nahezu offensiv unbeteiligte Haltung des Hundes. Er blickt uns an, nicht zu Adam&Eva hin. Ist sein (sit venia verbo) Gesichtsausdruck ein Mal-sehen-was-draus wird? Oder ist es ein Warten auf seinen Auftritt, und er wird, ist mit den bevorstehenden Griffen die Sexualität einmal in die Weltordnung eingebrochen, das Paar fröhlich kläffend umspringen? Daß wir uns für keine dieser Interpretationen (oder eine andere) entscheiden können, läßt uns bemerken, welcher Art der Kommentar ist, für den der Hund steht: bis ans Ende der Tage wird sich nicht entscheiden lassen, wie sich Gut&Böse, erfreulich&unerfreulich,

17 Hendrik Goltzius, Der Sündenfall

Anziehendes&Abschreckendes, kurz: Glück&Leid in dem mischen, was da gerade im Begriff ist, die Bühne zu betreten.

Ist das Ereignis des Sündenfalls einmal Geschichte geworden, besinnen sich die Hunde der ihnen zugesprochenen Unbekümmertheit in sexualibus: bei einem anonymen französischen Meister reicht ein Reichgekleideter einer ebensolchen Dame eine Frucht (*Offering of the Heart* [ca 1410]), und ein Hund springt fröhlich an der Dame empor.[40] Im wenig später gemalten *Maugis und Orlande im Garten* (Loyset Liedet) wartet ein Hund gespannt, aber artig, was aus dem Tête-à-tête im Gärtlein werden wird[41], wogegen in einem Cartoon von 1827 zwei kläffende Hunde gemeinsam mit ihrer Herrin dem ungebetenen Galan (einem »lanky clerk«) die Tür weisen.[42] Im *Cellospieler* (nach Gabriel Metsu, ca 1700) läßt eine der Musik hingebungsvoll lauschende Dame durch eine Zofe dem namensgebenden Musiker, der ein ähnlich anbetendes Gesicht hat, ein beschriebenes Blatt bringen – ein Hund zeigt seine Neugier, indem er seine Vorderpfoten auf die erste Stufe der Treppe setzt, die die Zofe gerade hinunterkommt.[43]

Den Kommentar-Hund finden wir, weniger radikal als bei Rembrandt, bei Watteau, dessen *Das Ladenschild des Kunsthändlers* auf zwei Gemälden eine zur Straße offene Kunstgalerie zeigt, die Wände sind mit Gemälden bedeckt, links werden Bilder aus einer Kiste aus- oder in eine eingepackt, ein müßiges Paar schaut zu, während im rechten Bild diverses Personal an einem Tresen lümmelt, ein ovales Gemälde wird gerade inspiziert, der Dame, die im Zentrum vor dem Tresen, auf diesen nonchalant gestützt, sitzt, wird ein Spiegel hingehalten, wohingegen der Hund – auf der Straße – in prärousseauschem Affekt nach den Flöhen in seinem Fell beißt. Ähnlich der Hund auf Hendrick Goltzius' *Venezianische Hochzeit* (Ende 16. Jahrhunderts), wo ein Hund sich ostentativ vom bunten Treiben abwendet.[44] Man könnte sagen: Der Hund als Nichtdabei.

In Dürers *Melencolia* schläft ein Hund (der allerdings ein wenig wie ein Kalb aussieht) und hat kein Teil an dem klassischen Zubehör der Melancholie.[45] Auch in *Hieronymus im Gehäus* ist das so.[46] Er liegt neben dem Hieronymus zugeordneten Löwen (die Sache mit dem Dorn). Hieronymus arbeitet an der »Vulgata«. Paradies redivivus im Worte? Aber der Löwe schläft nicht, obwohl er katzengleich die Augen geschlossen hat, vielleicht schnurrt er. Der Hund, man möchte sagen: pennt. Diese demonstrierte Gleichgültigkeit durch pennende Hunde finden wir auch anderswo. Erstaunlicherweise etwa bei einer Enthauptung des Täufers Johannes.[47] Bemerkenswert auch der Bettler, dem Maria mit dem Jesuskind erscheint (Jesus gibt ihm ein Stück Brot in seine

Bettelkappe), was sein Hund glatt verschläft. Es wirkt wie ein Widerwillen des Künstlers gegen den religiösen Anspruch des Sujets. Bei Max Thedy wendet ein schlafender Hund einer Nackten den Rücken zu[48] – womöglich noch irritierender ist der schlafende Hund auf Tizians *Venus von Urbino*. Der Kommentar von Pickeral lautet: »The growing fashion for small pet dogs led these to feature as significant details in numerous paintings by such masters as Titian in his ›Venus of Urbino‹. (…) Small dogs were often painted accompanying women, and were used to represent qualities ranging from faithfulness and loyalty to sybaritism and ›bestial‹ sexuality.«[49] Aber was von alledem bei Tizians *Venus*? Man könnte meinen, der Hund kommentiere das Dargestellte dergestalt, daß sein Schlaf andeutet, was die linke Hand der Venus *nicht* tut. – Ein schlafender Hund wird auch nicht in Watteaus *Urteil des Paris* geweckt, obwohl gerade Paris der dem Betrachter den Rücken zukehrenden kallipygen Venus den Apfel reicht.[50] Denn weiter als die folgenreiche Apfelübergabe sei nichts erfolgt? Wieland sah das in seinem *Urteil des Paris* bekanntlich anders, aber das spielt hier keine Rolle. – In François Perriers *Narcissus*[51] sehen wir zwei Hunde, getrennt von Narcissus, der sich über ein (allerdings fließendes, ergo spiegelunfreundliches) Wasser beugt, der eine liegt, schläft entweder oder betrachtet Narziß, der andere steht und sieht in die Rich-

18 Arras Tapestry, Offering of the Heart

19 Loyset Liedet, Maugis und Orlande im Garten

20 George Hunt, *Dove-tailing*

21 Gabriel Metsu, *Cellospieler*

22 Hendrick Goltzius, Die Hochzeit des Antenor
    (Venezianische Hochzeit)

23 Albrecht Dürer, Der heilige Hieronymus im Gehäus

24 Albrecht Dürer, *Melencolia (Melancholie)*

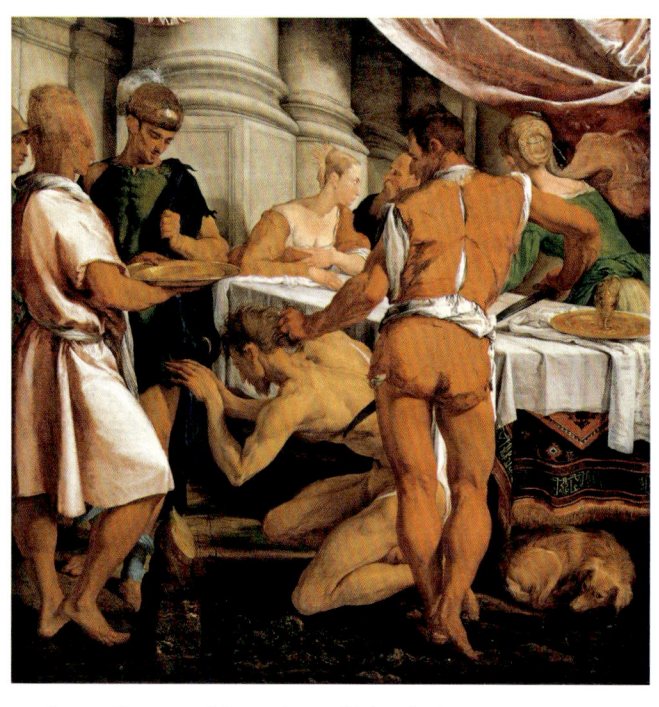

25 Jacopo Bassano, Martyrdom of John the Baptist

26 Max Thedy, Weiblicher Akt, auf niedrigem Podest sitzend, daneben ein Hund liegend

27 Tizian, Ruhende Venus (Venus von Urbino)

28 Antoine Watteau, Das Urteil des Paris

29 *Francois Perrier, Narcissus*

tung, in der hinter einem Felsen die Nymphe Echo (deren Klage über den nur sich selbst und nicht sie beachtenden Narziß namengebend sein wird) kauert und Narziß betrachtet wie der Hund sie. »The dogs play an important role structurally, forming the lowest point of a triangular composition, but have also been used by Perrier to comment on the scene«[52] – doch wie? Gewiß muß der Hund, der zu der fernen Nymphe blickt, stehen (damit man merkt, wohin er sieht), der andere mit dem Nahblick zu Narziß, darf liegen, aber es ist eben so deutlich: der selbstgenügsame kommentiert die auf den Selbstanblick beschränkte Autoerotik, wogegen der sich am heterosexuellen Begehren orientierende auf dem Quivive sein muß (wenn es auch nichts nützt).

Auch aus dem Bild und, wie beim *Sündenfall* vom erotischen Geschehen weg schaut der Hund in Bartolomäus Sprangers *Venus und Adonis* aus dem Jahre 1595.[53] Venus zurückgelehnt an Adonis (mit roter Kappe hat er etwas irritierend Mephistophelisches); sie ist nackt bis auf ein Weniges von Schleier, der ihren Schoß bedeckt/pointiert, er ist prunkvoll gekleidet, sie umfaßt seinen Kopf, er küßt ihren. Der Hund sieht nahezu grimmig weg. Welcher Variante der Venus&Adonis-Geschichte man auch immer zuneigen mag, Adonis wird jedenfalls von einem Eber zerrissen, das Liebesglück der beiden ist kurz. So mag man den wissend-kommentierenden

Blick des Hundes im rechten unteren Eck des Bildes deuten.

Ein Hund, der dem Betrachter den Rücken zukehrt – er verweigert den Kommentar. Läsen wir nicht auch diese Geste als Kommentar, konditioniert, wie wir, nach etlichen Seiten dieses Textes, hoffentlich sind. Gehen wir ins Detail: Ein riesiger schwarzer Vogel, ein Adler, mit geöffnetem Schnabel, trägt einen sehr jungen Jüngling empor, reißt ihn – wie er das macht, sieht man nicht, der Körper des Jungen verdeckt die wohl zupackenden Krallen, aber der sehr junge Jüngling hält sich auch fest am Gefieder, der linke Arm greift in die rechte Schwinge, der rechte hält sich fest zwischen Hals und rechtem Flügel, ein wenig wie eine hilflos-schüchtern-ängstliche Umarmung.[54] Landschaft: gemäßigt Gebirgiges im Hintergrund, grün und bläulich, die Szene spielt auf einem Berg, links, abgeschnitten durch den Bildrand, ein Baum, in der Mitte, unter den Beinen des Jünglings der Stumpf eines vor langer Zeit umgebrochenen Baumes. Unten, zu zwei Dritteln von hinten zu sehen, ein Hund mit hellem Fell und bräunlichen Ohren, er sieht überrascht zu dem Emporgerissenen hoch, angespannt, vielleicht bellt er. Gewiß darf ein Hirt einen Hund haben, auch wird der wohl sich wundern, wie seinem Herrn geschieht. Wir haben es mit einer Trennung zu tun. Herr&Hund werden auseinandergerissen, hilflos bleibt der Hund zurück, sein halbes Hochspringen zeigt diese Hilflosigkeit. Der Hund weist uns den Rücken – kein Kommentar: Corregio, *Die Entführung des Ganymed*. Jupiter entführt den Hirten (daher der Hund) Ganymed, den, wie es in der *Ilias* heißt, »welcher der allerschönste doch war unter den sterblichen Menschen«[55], in den er sich verliebt, und macht ihn, zum Ärger seiner Frau Juno, zum Mundschenk auf dem Olymp. Bei Ovid liest sich das so:

> Jupiter laß' o Muse und Mutter, des Liedes Beginn sein!
> Jupiters Macht muß alles sich fügen. Von Jupiters Herrschaft
> Kündet' ich oft: ich besang die Giganten in vollen Tönen
> Und die von siegreichen Blitzen gepeitschten phlegraeischen
> > Felder.
> Heute bedarf es des leichteren Klangs: ich besinge die Knaben,
> Die von den Göttern geliebten, von Mädchen erzähl' ich und
> > ihren
> Gluten frevelnder Liebe und wie man gerecht sie bestrafte.
> Einstmal liebte der Himmlischen Fürst Ganymedes, den
> > Phryger,
> Innig. Es fand sich ein Wesen, um welches Jupiter gerne
> Tauschte die eigne Gestalt, ein einziger Vogel ist würdig,
> Daß er in ihn sich verwandelt; der Träger der Blitze des
> > Gottes.
> Unverzüglich durchstieß er mit trügenden Schwingen die
> > Lüfte

Und entführte den Ilier. Der mischt noch heute den Nektar:
Wider den Willen der Juno kredenzt er dem Gotte den
Becher.[56]

Die Verwandlung des Jupiter in einen Adler nimmt mehr Raum ein als die Ganymed-Affäre als solche; nun, es ist dem titelgebenden Thema der Verwandlungen geschuldet – auch empfinden wir den Stoff heute als, sagen wir: pikanter, als er antik (griechisch wie römisch) gewirkt haben mag. Darum mildert die zitierte Übersetzung auch ab: in ihr liebt Jupiter »innig«, wo er im Lateinischen vor Liebe entflammt ist / brennt: »amore arsit« (etwa: »Einst war der Oberen König vor Liebe entbrannt zu Ganymedes, dem Phryger«).

Es gibt mehrere Gemälde, die sich dieses Stoffes annehmen. Da ist etwa Rubens, bei dem ein Adler einen durchaus körpergewichtigen Jüngling packt – im optischen Zentrum des Bildes (und im Schnittpunkt der Diagonalen) dessen statiöses Hinterteil, und die eine Klaue des Adlers liegt, man möchte sagen: schon, auf Ganymeds rechtem Schenkel. Bei Rembrandt sieht man es anders. Sein Ganymed ist ein Kind, auch sein Hinterteil ist pronociert im Bild, aber das Kind wird am Hemdchen hochgezogen, ist zwangsentblößt, das Kind weint/schreit und pißt vor Angst. Und dann gibt es noch etwas in Marmor von Bertel Thorwaldsen, ein Jüngling mit Phryger-

30 Bartholomäus Spranger, Venus und Adonis

31 Correggio, Die Entführung des Ganymed

mütze tränkt (eine halb abgestellte kleine Amphore in der Rechten, eine Trinkschale in der Linken) einen vor ihm sitzenden Adler. Auch so kann man es sehen.

Wenigstens in der Rezeption – aber wo hört der Mythos auf, und wo fängt die Rezeption an? – ist die Ganymed-Geschichte von Ambivalenzen und Unbehaglichkeit durchsetzt.

Lukian von Samosata läßt in einem seiner *Göttergespräche* den gerade auf dem Olymp angekommenen Ganymed (der aus seinem Hirtendasein weder herauskann noch -will) zu dem soeben rückverwandelten Jupiter, von dem er so gut wie nie gehört hat (verehrt er (als Hirt) doch nur den ziegenfüßigen und gehörnten Pan), auf dessen »Hast den Jupiter nie nennen hören (…) der Regen, Blitz und Donner schickt?« sagen: »Du wärest also der feine Herr, der uns neulich das entsetzliche Hagelwetter auf den Hals schickte?«[57] Das ist Bauerntheater. Dies nicht mehr: Jupiter versucht Ganymed beizubringen, daß der auf dem Olymp bleiben werde – Ganymed hat allerlei Nachfragen (»›Muß ich hier auch Schafe hüten?‹ ›Beileibe nicht!‹«), am Ende diese:

> »›Aber wo werd' ich schlafen?‹ (…) ›Närrchen, deßwegen hab' ich dich ja entführt, daß du bey mir schlafen sollst.‹ ›Du kannst's also nicht allein, und bildest dir ein, du werdest besser schlafen können, wenn du bey mir liegst?‹

›Bey einem so hübschen Knaben, wie du, allerdings!‹ ›Was kann die Schönheit zum Schlafen helfen?‹ ›Oft führt sie etwas angenehm Einschläferndes bey sich, und macht einen viel sanfteren Schlaf.‹«

Worauf Ganymed Jupiter warnt: er habe früher oft bei seinem Vater geschlafen, der habe ihn aber immer hinausgeworfen, weil er im Schlaf so hampelt habe, »und deswegen schickte er mich meistens zur Mutter schlafen«. Nun, wach zu bleiben mache ihm auch nichts aus, erwidert der Gott: »›Das wird mir eben das Angenehmste seyn, wenn ich recht viel bey dir wachen und dich nach Herzenslust küssen und drücken kann.‹ ›Das magst du! Ich werde schlafen und dich küssen lassen.‹«[58]

In dem Gespräch Jupiter/Juno, an dem Ganymed als stummer Zeuge teilnimmt, hat die Ganymed-Affäre zu einem ehelichen Zwist geführt. Der geht nicht, wie der Heutige annehmen möchte, darum, daß es sich um eine homosexuelle Affäre handelt, sondern um eine Liebschaft, die Jupiter nicht in veränderter Gestalt (als Schwan, als Stier) auf der Erde hinter sich bringt, sondern eine, die er vor aller Götter Augen auf dem Olymp auslebt. Er trinke über den Durst, weil er den Becher aus Ganymeds Hand nie entgegennehme, ohne dem einen Kuß zu geben. Ja, sogar dies entblöde er sich nicht zu tun:

»Ja, du treibst es so weit, daß du den Becher, wenn du ihn nur Wenig abgetrunken hast, dem Jungen hinreichst, und ihn daraus trinken lässest, um das, was er übrig gelassen hat, als etwas gar Köstliches aufzuschlürfen, und zwar auf der Seite, die er mit seinen Lippen berührt hat, damit du zugleich das Vergnügen zu trinken und zu küssen habest.«

Jupiter läßt sich nicht beirren, er spielt den Ball so:

»Wenn ich ihm erlaubte, dich ein einziges Mal zu küssen, du würdest mir gewiß kein Verbrechen daraus machen, daß ich seine Küsse dem Nektar vorziehe.«[59]

Christoph Martin Wieland nahm Lukian auf. Und machte ihn weit drastischer. Juno hält Jupiter vor, er habe Hebe, die zuvor den Wein eingeschenkt habe, unter einem Vorwand ihres Amtes entkleidet,[60]

»damit dein lüstern Aug' an einem nackten Jungen
Sich täglich weiden kann.
Wie weit treibst du das Spiel so gar am Götter-Tische?
Wir essen nie vor euch in Ruh,
Stets währt das Tändeln und Gezische,
Man lacht, man winkt, man wirft sich Küsse zu;
Und soll dein Nektar-Punsch dir schmeken,
So muß dir Ganymed den Becher erst belecken.

> Kaum setzt er an, so reissest du
> Den Kelch ihm aus der Hand, die Spur hinwegzusaugen,
> Wo er den Mund zum Trinken hingedrükt,
> Du siehst ihn schmatzend an, und rollst entzückt,
> Wie ein Bacchant, die liebestrunknen Augen.
> Ja heute scheutest du dich nicht,
> Vor unser aller Angesicht
> Ihn gar zu küssen und zu herzen.«[61]

Das fällt, wie man sieht, nicht nur um eine Spur kräftiger aus als bei Lukian. Wieland veröffentlichte seine *Comischen Erzählungen*«[62] – *Das Urtheil des Paris, Endymion, Juno und Ganymed, Aurora und Cephalus;* »*Juno und Ganymed*«, nota bene) – 1765 (allein am *Endymion*, schrieb er an Johann Georg Zimmermann, habe er zwei Jahre lang gearbeitet[63]). In den *Sämmtlichen Werken*, der Ausgabe letzter Hand, ließ er *Juno und Ganymed* weg. Er mochte das Stück schon bald nicht mehr. Geßner hatte Kritik geübt, Wieland ihm beigepflichtet: der *Ganymed*, den er eine »episodische Stier=Liebe« nennt, sei »zum Ekel weitläufig«, zudem »an sich selbst ärgerlich«, schließlich »an einigen Orten übel gemalt«. Dem Wieland, der seinem, wie er es dann wohl sah, poetischen Mutwillen entwachsen war, war die Sache wohl denn doch peinlich, wie er ja auch bei seinem *Endymion* den Schluß (ein Satyr belauscht das Liebesstelldichein zwischen Diana und Endymion, und erpreßt – er würde, erzählte er die Sache herum, den Ruf der Jungfräulichen ruinieren – einen Beischlaf) strich.

Man kann sich fragen, warum hier so ausführlich auf einen Text eingegangen wird, der mit dem Gemälde, von dem doch eigentlich die Rede sein soll, vom Thema abgesehen, nichts zu tun hat. Der Grund ist dieser: die Ganymed-Geschichte ist eine Verdichtung erotisch/sexueller Themen, die mal-so-mal-so gestaltet werden – vom (vergleichsweise) noch jungen Wieland eben in besonders inten- oder exzessiver Weise (wie man mag).

In einer Darstellung aus dem 2. Jahrhundert vuZ[64] sehen wir einen Ganymed, hinter dem ein Adler – was tut? ihn emporhebt? ihn zu naja-vögeln versucht? – wenn ihn nicht ein Mantel, den der sonst Nackte auf den Rücken geworfen hat, am Vollzug hinderte? Geht hier die obszöne Phantasie mit dem Verfasser durch? Mag sein, bei so viel Material, aber wie ist es mit dem, auch hier vorhandenen, Hund? Sieht er nicht eher als nach Hund wie eine jener phallusförmigen Öllampen aus, die man antik in Bordellen zu Beleuchtung verwendete? Gewiß, man kann es auch anders sehen – »Du erinnerst mich an ein Urteil über Gibbon, das ich jüngst las: he never gave credit to a good motive when a base one could be found«, sagt in Arno Schmidts *Zettel's Taum* Wilma Jacobi zu Daniel Pagenstecher,[65] dessen sexualisierende Deutungen nicht nur des Werkes von E. A. Poe ihr mißfallen – man hat ja auch etliche in Michelangelos *Raub des Ganymed*[66], der eigentlich kaum zu leugnenden homosexuellen Paarung zwischen Adler und Jüngling als »Symbol der Seele«, die »sich in geistiger Liebe nach Gott verzehrt«,[67] gesehen.

Ob Leserin&Leser dem Verfasser nun folgen mögen oder nicht – Wieland jedenfalls gibt seiner Ganymed-Darstellung noch zwei Wendungen. Einmal beruft sich der von Juno getadelte Jupiter auf Platon. Wieland läßt seinen Jupiter sich nämlich so rechtfertigen: die Liebe zum Knaben diene einzig der Vergeistigung angesichts des Schönen. Er lerne jetzt »erst den Plato recht verstehen / (…) In diesem Licht müßt ihr die Liebe sehen«.[68]

Kurz, er redet, wie mancher redet, der gerne möchte, daß man seine erotischen Vorlieben für Kunstsinnigkeit hält. Wielands Jupiter ist eine erstaunlich schmierige Gestalt. Am Ende dann – die Umwege nachzuerzählen erspare ich der Leserin – verführt Wielands Juno Ganymed und spottet Jupiters (vorgeblichem) Platonisieren: sie gönne ihm die Vergeistigung, sie nehme mit der gröberen Seite des Triebes vorlieb. Hierbei ist daran zu denken, daß Platon den Ganymed-Mythos zitiert, um für Homoerotik ohne allzu intime Körperlichkeit zu werben, und den Kretern anlastet, ihn ersonnen zu haben, um »schamlose Vereinigung« zu legitimieren.[69]

Nun hat Wielands Gedicht mit den erwähnten Gemälden, seien sie mit, seien sie ohne Hund, nichts zu tun – die Gemälde waren vorher da. Aber in Jupiters Gerede über die reine Geistigkeit seiner Küsserei kehrt natürlich die Rezeption der Gemälde wieder. Die von Michelangelos *Ganymed* haben wir schon zitiert, aber auch Rembrandts Darstellung, der kleine, entführte, weinende, vor Angst pissende Junge bekam die Deutung einer »reinen von Gott entrückten Seele« oder eines Ganymed / Aquarius, eines Regenspenders, ab.[70] »Möglich«, noch einmal *Zettel's Traum*, »ist alles, Frau Kühn.«[71] – Vergessen wir nicht, daß bei Lukian, als seine Juno Jupiter auffordert, endlich mit den Obszönitäten aufzuhören, dieser erwidert, nun werde er bei jedem Becher Ganymed gleich zweimal küssen, vor und nach dem Trinken, Ganymed, der stumm zuhört, anfängt zu weinen.

Wollen wir all diese Unbehaglichkeiten, dieses Fasziniertsein und Verleugnen einem armen Hund auf den Rücken, den er uns bei Corregio kehrt, laden? Kehren wir zu den einigermaßen eindeutigen Hunden zurück und bleiben bei Wieland. 1764 erschien sein *Die Abentheuer des Don Sylvio von Rosalva oder der Sieg der Natur über die Schwärmerey*. Der Roman wurde nach mehreren weiteren Auflagen 1795 in den *Sämmtlichen Werken* (mit dem zu Don Sylvio von Rosalva verkürzten Titel) neu veröffentlicht[72] – und mit einem bemerkenswerten Titelkupfer versehen, das einiges aus dem Roman aufnimmt. Eine Kutsche hält in einem angedeuteten Hof (links hinten ein angeschnittener Speicherturm, rechts eine Mauer, die eine dem Betrachter nicht einsehbare Treppe, die ins Herrenhaus führt, bezeichnet). Es ist eine burleske Szenerie. Auf dem Kutschdach lümmelt einer im Halbschlaf und stützt sich auf zwei Korbflaschen; der Kutscher ißt etwas und schaut blöde; aus der Kutsche hilft ein grinsender Page einer ausgesprochen unschönen jungen Dame mit viel Dekolleté, die dämlich und augenscheinlich von ihrer Attraktivität überzeugt, grinst; vor der Kutsche ein stämmiger Mann in Kniehose, Wams und gefälteltem Kragen,[73] der seine Hand einer älteren, hageren, spitznasigen Dame mit sehr viel Kinn reicht, hinter der ein erstaunter hübscher Jüngling steht. Die spitznasige Dame ist Donna Mencia, die Tante des Jünglings Don Sylvio von Rosalva:

> »In einem alten baufälligen Schlosse der spanischen Provinz Valencia lebte vor einigen Jahren ein Frauenzimmer von Stande, die zu derjenigen Zeit, da sie in der folgenden Geschichte ihre Rolle spielte, bereits über ein halbes Jahrhundert unter dem Namen Donna Mencia von Rosalva – sehr wenig Aufsehens in der Welt gemacht hatte.«[74]

So beginnt das Erste Kapitel des Ersten Buches des Romans, betitelt »Karakter einer Art von Tanten«. Die-

32 Titelkupfer Wieland, *Die Abenteuer des Don Sylvio*

se spezielle Art von Tante will ihren Neffen Don Sylvio, der zu Grillen neigt und überhaupt weltfremd ist, verheiraten. Der Herr, der Donna Mencia die Hand reicht, sei, sagt der Roman, ein Mann vom Schlage derer, die »(wie Beobachter wissen wollen) den Spröden von Profession«, wozu wir die Tante rechnen sollen, »gefährlich seyn soll«. Dieser nun will seine Nichte, Donna Mergelina, an den Mann bringen, und so kommt es dann zu der im Titelkupfer abgebildeten Szene, in der die Braut[75] dem Bräutigam vorgestellt werden soll. Don Sylvio wird sich, zusammen mit seinem Diener Pedrillo, aus dem Staube und auf die Suche nach einer schönen verwunschenen Fee machen, aber das gehört nicht hierher. Hierher gehört, daß der Titelkupfer über das Geschilderte hinaus zwei Hunde aufweist. Rechts unten im Bild (der klassische Hundeplatz) der eine, mittelgroß, der andere links unten und sehr klein. Der eine liegt an einer Kette, an der er zieht, und knurrt und er fletscht die Zähne. Der andere versteckt sich hinter Don Sylvios rechtem Bein und sieht ängstlich-neugierig zum ersten hin. Er nimmt die erstaunte Haltung seines Menschen auf, nur ein wenig eingeschüchterter. Der erste mag die Neuankömmlinge anbellen, er ist ja ein Hofhund, aber er blickt eigentlich zu Donna Mencia hin. Wir können ihn und seine Empörung der Empörung der Natur zurechnen, die es nicht leiden mag, daß ein keuscher schöner Jüngling mit einem Wechselbalg von einer Braut (wo so einem doch Feen gebühren) verkuppelt werden soll; man mag ihn aber auch als ein Pendant zur aggressiven, obschon künstlich in Bande gelegten Erotik der Tante sehen, die den Rodrigo anschnurrt und danach trachtet, ihren Neffen in ein schreckliches Ehelager zu stopfen. Der Hund hinter Don Sylvios Bein ist ein kommentierendes Reduplikat seines Menschen: schüchtern, zurecht argwöhnischer, als der es ist, und doch ein wenig in Habacht! – anders als sein Mensch, aber der wird es später irgendwann – leidlich – sein.

Von demselben Illustrator, Ramberg, stammt eine Zeichnung, die, ausweislich der in das Bild eingetragenen handschriftlichen Zeile »erfunden von«, keinem Vorbild folgt. Das einzig Nicht-Merkwürdige an dieser Zeichnung ist der Hund. Er ähnelt dem Ganymed-Hund (wir sehen ihn von hinten), aber er bellt keinem Entschwindenden nach, sondern einen Eindringling an. Was heißt Eindringling – nun, der Reihe nach und von links nach rechts. Ein Ritter in voller Rüstung (im Hintergrund Gefolge) ist dabei, einen Raum zu stürmen, sein linker Fuß betritt gerade die Schwelle, in der rechten Hand hat er eine eiserne Schlagwaffe, die Linke hält noch den Schild. Er ist von einem (siegreichen) Waffengang zurückgekommen. Den Vorhang zu dem Zimmer, das er sich zu stürmen anheischig macht, öffnet ihm eine hohe Dame, die nach innen blickt. Sie wendet dem Ritter den Rücken zu. Sie wirkt wie sein Pendant, ist prächtig gekleidet, trägt Bänder im hochgesteckten Haar, in der Hand hat sie einen Kelch, den sie, wie man auf den ersten Blick annimmt, dem Heimkehrenden bieten wollte (Begrüßungsschluck für den Helden). Der Hund, unten im Bild, bellt den Ritter an. Der durch die Dame geöffnete Vorhang gibt dem Ritter den Blick frei – genauer: wird den Blick freigeben, er sieht noch nicht oder nur teilweise, was der Betrachter sieht – auf folgende Szene: eine weitere, jüngere, Dame sitzt auf einem Fauteuil (mit dem Rücken zu Vorhang&Dame&Ritter) in einem schwer zu definierenden Raum, eigentlich etwas wie eine Terrasse, aber durch eine halbhohe Brüstung begrenzt (und eben den Vorhang). Sie ist in andächtig-verliebte Betrachtung eines mit einer Guirlande umwundenen Gemäldes versunken, das einen jungen, sagen wir: Schönling mit lockigem Haar und stutzerhaftem Moustache und Kinnbärtchen zeigt (der Ritter trägt einen markigen Schnurrbart). Die junge Dame ist nicht allein. Zu Füßen des Fauteuils ergehen sich zwei pummlige Kleinkinder. Ein Junge hat einen Korb mit Blumen umgeworfen und streckt die Ärmchen zu der jungen Dame aus, um sie auf das Malheur aufmerksam zu machen, ein Mädchen sitzt/lehnt, hat sich eine Blume genommen und betrachtet sie (sieht aber, unter uns, so aus, als hätte sie einen Becher Wein

33 Johann Heinrich Ramberg, Die Nebenbuhlerin

in der Hand und sei bereits ernstlich angetrunken). Ein halbwüchsiger Knabe, nennen wir ihn einen Pagen, der das Gemälde mit der Guirlande verziert hat und noch nicht ganz fertig ist, hält sie noch in der Hand, um sie irgendwo zu befestigen. Am rechten Rand des Bildes eine Kammerzofe, die als einzige das Hereinbrechen der Außenwelt in das verschwärmte Interieur bemerkt und situationsgemäß entsetzlich erschrickt und ein paar Blumen fallen läßt.

Was soll das sein? Kurz: mehr als Vermutungen anstellen kann ich nicht, vor allem: der Hund sagt's uns nicht.

Man könnte so meinen: der Ritter kommt nach Hause, wird von – ja, wer ist die erste Dame? – begrüßt, will dann zu seiner Frau / Geliebten (sind die beiden Kinder die Kinder der beiden?), die ihn aber nicht erwartet, sondern das Bild desjenigen anhimmelt, mit dem sie die Zeit der Abwesenheit ihres Mannes verbracht hat (hätte verbringen mögen?). Also: wer ist die erste Dame, die den Vorhang zurückschlägt und den Ehebruch in effigie/m enthüllt? Eine allegorische Figur? Jedenfalls trägt sie eine Krone. Nehmen wir sie doch für eine Königin. Ein ankommender Ritter, der von einer Königin begrüßt wird, dürfte der König sein[76] – wer ist dann die Jüngere, die Schmachtende? Die Tochter des Paares? Möglich immerhin: sie sollte einen vatergleichen Ritter lieben, ergibt sich aber der auf einen Weichling (vermuten wir: Poeten?)

gerichteten Phantasie? Und die des väterlichen Helden würdige Mutter zeigt dem heimkehrenden Heldenvater die häusliche Misere? (Wären dann die Kleinkinder die ähnlich mißratenen jüngeren Geschwister der Schwärmenden?)

So fügte sich das. Aber wieso möchte jemand gerade eine solche Szene, so untypisch, daß sie erst erraten werden muß, malen, wenn sie nicht auf eine Szene anspielte, die der Betrachter wiedererkennt? (Aber: erfunden von Ramberg.)

Plötzlich fällt dem Betrachtenden auf, daß die Begrüßdame nicht nur einen Kelch in der einen Hand hält, sondern auch einen Dolch in der anderen (die den Vorhang zurückschlägt). Das aber spielt tatsächlich auf eine vorgeprägte Szenerie an. Und zwar auf Wielands Libretto zu der von Anton Schweitzer komponierten Oper *Rosemunde*.[77] *Rosemunde* war Wielands zweite Oper (uraufgeführt 1779), anders als die erste, *Alceste* (1773/4), kein großer Erfolg. Die Entstehungsgeschichte des Librettos ist kurvenreich, Wielands Intention war seinen Erstlesern (u. a. Goethe) nicht durchsichtig, Wieland trimmte sein Libretto auf dieses Unverständnis hin. Das soll hier nicht nacherzählt werden.[78] Der Stoff ist aus einer alten englischen Ballade und mehrfach in anderer Form Literatur geworden. Den (angeblichen) historischen Hintergrund zitiert Wieland aus einer englischen Literaturgeschichte:

»Rosemunde, die schöne Tochter Walthers, Lords Klifford und König Heinrichs II. Beyschläferin, starb (wie einige sagen, vergiftet von der Königin Elinor[79]) im Jahre 1177, zu Woodstock, wo König Heinrich ein Haus von wunderbarer Bauart für sie hatte bauen lassen. Es wurde, nach einigen, Labyrinthus oder Dädalus-Werk genannt, weil es wie ein Irrgarten gebaut war, so daß niemand, ohne vom König unterrichtet zu seyn, zu Rosemunden kommen konnte. Gleichwohl ging die Sage, die Königin habe (…) den Weg zu ihr gefunden, und sey so übel mit ihr umgegangen, daß sie nicht lange mehr gelebt habe.«[80] Verschiedene literarische Formungen des Stoffes lassen Elinor vor Rosemunde treten und ihr die Wahl anbieten: Dolch oder einen Becher Gift. Kelch&Dolch sind für den Stoff emblematisch geworden, Kelch&Dolch schmükken das angebliche Grab der Rosamond in Woodstock.[81]

Wer Kelch&Dolch sieht – jedenfalls zu der Zeit, allemal Ramberg, von dem der Titelkupfer zu Band 26 der *Sämmtlichen Werke* stammt (wenn auch mit einem Motiv aus der *Alceste*) –, denkt an *Rosemunde*, das können wir voraussetzen. Aber: da ist kein Labyrinth (es sei denn, man soll sich einen labyrinthartigen Garten, bei Wieland ist das die Szenerie, hinzudenken) – und in das tritt der König nicht mit bewaffnetem Gefolge ein. Erfunden von Ramberg, ein Motiv der *Rosamunde* weiterspinnend. Also denken wir uns das so: die Königin hat ihre

Nebenbuhlerin entdeckt (ohne daß die es gemerkt hat), der König naht, die Königin will – Gift&Messer – die Sache noch zuvor ins reine bringen, aber als sie zur Tat zu schreiten beabsichtigt, sieht sie, daß die Beischläferin ihres Mannes einen anderen anhimmelt – Elinor schaltet um: sie bringt diese noch wirksamer aus dem Spiel (und bringt sich selbst nicht in Gefahr), wenn sie ihrem Mann zeigt, was zu sehen ist. Inzwischen ist der König angekommen, mag er den Becher für einen Willkommenstrunk halten (der Dolch ist ja einigermaßen verborgen), und trinken wird er ihn nicht, denn gleich wird es um ein anderes Willkommen gehen …: die Zofe schreckt schon auf, der Rest der Veranstaltung (wer auch immer die seltsamen Kinder sein mögen) ist noch träumereiversunken – der Hund aber verbellt den Eindringling – das wird alles gleich aus dem Rahmen gehen.

Das wird nicht zu verhindern sein, auch nicht durch eine etwas andere Interpretation, für die ich mich entscheiden möchte. Das Bild zeigt keinen fremden Liebhaber, sondern den König in viel jüngeren Tagen. Ihn, den Schöngelockten, Glatten sieht die Geliebte, wenn sie den Rauhen, Bejahrten umarmt. Von jenem träumt sie, wenn sie auf diesen wartet. Zu weit hergeholt?: nun, Ramberg hat ja auch den Band 10 illustriert, nicht dieses Stück aus den *Komischen Erzählungen*, aber es steht dort auch: *Aurora und Cefalus*. Aurora, verheiratet mit dem sehr alten Tithon, verliebt sich in den jungen Tithon, den sie schlafend im Grase sieht. Sie will ihn noch mal sehen: »War's ihre Schuld, daß er so reizend war?«

Und sie späht auf ihrer Fahrt über den Himmel (sie ist ja die Göttin der Morgenröte) nach ihm aus, und:

»… da sie, wider Hoffen,
Zum zweyten Mahl ihn angetroffen,
Wie sollte sie dem Einfall widerstehn,
Von ihrem Wagen abzusteigen,
Um ihn genauer anzusehn?
Die Dämmerung macht manche schön,
Die sich im Sonnenschein mit schlechtem Vortheil zeigen.
Sie muß doch sehn, ob's hier nicht auch so sey?
Zu rasch flog neulich er vorbey;
Was schadet's näher hinzugehen?
Sie that's. Allein, wie angenehm erblaßt« …

ja, und nun, möchte ich Ihnen, liebe Leserin, und Ihnen, lieber Leser auch, nahelegen, den ubw-Funken für möglich zu halten, der in Rambergs Erfindung die Stoffe erleuchtet:

»… Allein wie angenehm erblaßt,
Da sie ihn recht ins Auge faßt,
Ihr Rosenmund –«

nur warum erblaßt sie bzw. ihr Rosenmund?

> »… Allein wie angenehm erblaßt,
> Da sie ihn recht ins Auge faßt,
> Ihr Rosenmund – den Tithon selbst zu sehen!
> Den Tithon? Ja, doch wie er damahls war,
> Als er, in auserlesner Schaar
> Der schönsten Frygier, vor allen
> Der Schönste war, vor allen ihr gefallen;
> Mit langem dunkelbraunem Haar,
> Mit blühendem Gesicht und Lippen von Korallen.«[82]

Und die Kinder – und der Hund? Blumen, Blumen überall – eine Blumenguirlande, ein Puttenkind betrachtet eine Blume trunken-verzückt, das andere Kind hat omenhaft einen Blumenkorb ausgeschüttet, der Zofe fallen Blumen vor Schreck vor dem, was sie sieht und was kommen wird, aus der Hand – der Hund bellt. Blumen& Liebe, wir erläutern's nicht; Hunde&Blumen gerät derb, siehe oben *Goldenes Zeitalter*. Es findet eine Entmischung statt: die Imago, Blumenguirlande, all die anderen Blumen, die Kinder nehmen wir für Amorinen – der Hund wird zur aggressiven Seite der Libido, die wütend die Idylle, die gleich zerstört werden wird, verteidigt. Zerstört? Ja, Elinor – Rambergs Elinor – weiß, was sie tut. Daß er selbst derjenige auf dem Bild ist, wird den König nicht trösten. Er ist's nicht mehr, er war's, und kann man einen andern Nebenbuhler mehr fürchten? Sie habe eine unbesiegliche Konkurrentin, sagt Arno Schmidts Lore in *Brand's Haide*: eine vom Liebhaber idealisierte Lore.

Und – was lehrt uns das über Hunde (auf Bildern)? Trieb hin oder her, sie sollten besser schlafen, wegschauen oder eben zur Verteidigung von Idyllen, die sie nicht selbst mitgestalten, bereit sein. Man bedenke aber auch, daß die Aggression nach außen oft das ist, was die Idylle nach innen zusammenhält und was speziell das hier Besprochene anlangt: der Hund mag auch etwas von der zu erwartenden Konfrontation folgenden Ernüchterung der schwärmenden Geliebten haben, die sich vom Bild abwenden und verschreckt den Eindringling erblicken wird …: *das* ist der, den ich zu lieben meinte? (Wäre der schlafende Hund, der demzufolge nur bei Strafe zu wecken wäre, das Versprechen ausbleibender Desillusionierung?)

Und – nun? Was haben wir zusammengetragen? Wir haben porträtierte Hunde, wie man alles porträtieren kann, von einem Berg bis zu einem toten Fisch oder einem Rennpferd, das der Stolz desjenigen war, der das Gemälde in Auftrag gab (solche Porträts waren hier nicht Gegenstand). Wir haben Hunde, die zum Szenario gehören (Jagdhunde, Hofhunde), auch sie waren hier nicht Gegenstand. Es gibt Hunde, die vom Dargestellten her nicht unbedingt nötig sind, oder solche, die zwar irgendwie plausibel sind, aber auf stutzenmachende Weise zeichnerisch oder malerisch pointiert werden. Über einige von denen ging der obige Text, der versuchte, Offensichtliches mit, so hofft der Verfasser, nicht allzuweit hergeholten Spekulationen zu verbinden.[83] Und es gibt die Hunde bei Lucian Freud.

Freud malte im Jahre 2011 das *Portrait of the Hound*[84] – »the« nicht »a« –, das im Zentrum einen nackten – wie fast immer bei Freud: sehr nackten – Mann auf einem mit einem weißen Laken bedeckten Bett darstellt, zurückgelehnt, mit aufgestütztem rechten Arm, das linke Bein aufgestellt, das rechte untergeschlagen, der linke Arm hält den Körper am linken Bein in der halb-aufrechten Lage. Das Genital des Mannes ist halb verdeckt und bildet zusammen mit seinem linken Auge und dem rechten des neben ihm auf dem Bett liegenden Hundes[85] ein gleichseitiges Dreieck. Der Hund liegt mit dem Rücken zu dem Mann, die Linie seines Rückens ist parallel zum rechten Unterarm und der Hand. Die (weißen) Füße des Hundes verlieren sich im Weiß des Lakens.

Es gibt einige Hunde bei Freud. Erwähnt hatte ich sein *Girl with a White Dog*. Geordie Greig schreibt dazu: »Dies ist der Beginn von Freud als Aktmaler, auch wenn Kitty[86] keineswegs nackt ist, und zugleich nähert er sich dem Realismus an. Die Brust ist so überzeugend gemalt, dass der Betrachter das Gefühl hat, in einen sehr privaten Raum eingedrungen zu sein. Kitty wirkt ruhig und selbstbewußt, der Ehering an der linken Hand ist ebenso zu sehen wie das Muttermal auf der rechten. (…) Dies ist das Porträt einer erwachsenen Frau (…) ihre Züge werden nicht verschönert, ihr Gesicht weist erste Falten auf, der Leberfleck auf der Brust wird nicht verborgen. Die Mutter von zwei seiner [Freuds, jpr] Kinder strahlt eine Reife aus, als sei ihm [Freud? Greig? jpr] nun endlich klar geworden, wie er Schönheit und Sinnlichkeit einer Frau darstellen kann. Die Locke, die ihr in die Stirn fällt, der Hund, der die Schnauze auf ihren Schenkel legt – das alles hat etwas ungezwungen Realistisches. Dies ist Lucians erstes Doppelporträt von Mensch mit Hund, ein Thema, das sich wie ein roter Faden durch sein Werk ziehen sollte, bis ganz zum Schluß«[87] – *Portrait of the Hound* eben, das im Titel den Menschen wegläßt.

Interessant der Vergleich mit dem etwa drei Jahre vor *Girl with a White Dog* entstandenen *Girl with a Kitten*, auch einem Porträt von Kitty Garman. Das Bild stammt aus einer, sagen wir auf Freud bezogen: vorklassischen Periode. Es ist flächig, zeichnerischer, nicht, was Greig »realistisch« nennt. Was uns hier aufmerken lassen sollte, ist, daß das Wortspiel Kitty / Kitten im Bild wiederkehrt: die Augen der Frau und die des Kätzchens korrespondieren miteinander, die Augenwinkel der Frau und die

34 Lucian Freud, *Portrait of the Hound*

35 Lucian Freud, *Girl with a Kitten*

Nase des Kätzchens bilden ein gleichseitiges Dreieck – das klassische Pointierungsmittel, uns nicht unvertraut – ungefähr mit den Proportionen 1:2, die linke Seite des Dreiecks berührt den rechten Mundwinkel. Nichts von derartiger Reduplikation ist in *Girl with a White Dog* zu sehen. Greig fällt zu dem Hund nichts ein. Und was ihm einfällt, stimmt nicht. Der Hund hat nichts »ungezwungen Realistisches«, ebensowenig wie die Brust der Frau. Auch ist »ihr Morgenmantel« nicht »verrutscht«, vielmehr ist er geöffnet, der rechte Arm der Frau stützt und offeriert die Brust. Den Hund, der den Kopf auf ihren rechten Schenkel (das rechte Bein ist unter das linke geschlagen) oberhalb des Knies legt, geht das nichts an; seine Augen sind halb geschlossen, er blickt schräg am Betrachter vorbei, aber sein Rücken ist an die rechte halb entblößte Wade nicht geschmiegt, mehr gelegt. Es ist ein künstliches Arrangement; (»realistisch« heißt bei Greig soviel wie: nicht nach offensichtlichen Idealen gemodelt, nicht im Renaissance-Sinn »schön«). Interessant ist, daß der Hund angezogener wirkt als die Frau.

Menschen haben kein Fell. Und wo sie Fellrudimente haben, sind diese dauernd kulturellen Normierungen ausgesetzt, man könnte sagen, der Mensch hadere mit seinen Fellresten und treibe durch die Kulturen enormen Aufwand mit der Beschwichtigung dieses Haders: das Kopfhaar wird lang oder kurz getragen oder abrasiert, gelockt, aufgetürmt, hängt lang herunter, nimmt zuweilen die Sicht, dient dazu, es so oder so anzufassen, wird gefärbt; Achselhaare werden wegrasiert (oder manchmal nicht), im einen wie im anderen Fall ist es ein kulturelles Signal, ähnliches gilt für Haare an weiblichen Beinen; weite Fellausbreitungen bei Männern werden zuweilen stolz vorgewiesen, zuweilen als ekelhaft empfunden und entfernt; das weibliche Schamhaar wird mal sich selbst überlassen, oft gestutzt/frisiert, manchmal gibt es die Mode der Kahlrasur (zuweilen auch beim Mann), und solche Moden sind oft außerordentlich normativ konnotiert. Einen putzigen Kommentar dazu finden wir auf Hans Memlings Gemälde *Vanitas*, auf dem eine Nackte mit langem Haar, das ihr über den Rücken fast bis auf die Hälfte der Oberschenkel fält, sich mit feinem Lächeln im Spiegel betrachtet. Ihr rasiertes Genital ist fast in Bildmitte, neben ihr, links unten, steht ein kleiner, ganz ausgesprochen fellreicher Hund und sieht den Bildbetrachter neugierig an, während sich, auf der rechten Seite, zwei kurzhaarige Windhunde um all das nicht kümmern; ein wunderbares Kommentarhundarrangement.

Den von Freud nach ca. 1960 Gemalten nützt ihr bißchen Fell gar nichts bzw. ebensowenig wie dem Girl-with-a-white-dog ihr Morgenmantel. Ihre Körper sind exponiert, ihre Haut wirkt schon fast nicht mehr wie eine Oberfläche. Freud hat dies in zwei Bildern demonstriert,

36 *Lucian Freud, Painter and Model*

37 Lucian Freud, *The Painter Surprised by a Naked Admirer*

38 Hans Memling, Vanitas

39 Lucian Freud, Double Portrait

in *Painter and Model*, wo eine mit einem farbbekleckston Kittel bekleidete Frau, die einen Pinsel hält, auf einen nackten Mann blickt (oder hat sie die Augen geschlossen?), der breitbeinig auf einem Sofa liegt (ein Bein hängt herunter). Die Zehen ihres rechten Fußes drücken auf eine Farbtube. Das andere ist *The Painter Surprised by a Naked Admirer*: Ein Selbstporträt im Atelier (Staffelei, farbenbedeckte Wand); an das rechte Bein des Malers klammert/schmiegt sich eine nackte Frau mit geschlossenen Augen. In beiden Fällen wirkt die Bekleidung notdürftig. Die Kleidung, das demonstrieren die benachbarten Nackten, ist Verleugnung. Die benachbarten Nackten zeigen die Hilflosigkeit, die durch Kleiderlosigkeit entsteht. Hilflosigkeit, die ihrerseits durch Aggressivität der Selbstexponierung kompensiert werden kann – eine Möglichkeit, die seine nackten Männer eher zur Verfügung haben als seine nackten Frauen.[88] Freud gibt dem einen wie dem anderen Raum – nur diesen beiden gibt er keinen: der Natürlichkeit und der künstlichen Schönheit. Natürlichkeit steht dem Menschen ebensowenig zu Gebote wie Freuds Modellen, die er arrangiert. Keines seiner Bilder wirkt wie ein Schnappschuß, der etwas Zufälliges einfängt. Die künstliche (nicht: gekünstelte) Schönheit, die Freud zu bewundern wußte (Velasquez' Venus, oder Tizians Diana&Aktäon), findet sich bei seinen Bildern nicht – in den ersten wird sie ins Zeichnerisch-Geometrische transponiert, in seinen klassischen Akten verweigert er dem Betrachter den Weichzeichner der verliebten Betrachtung.

Der Hund, gehüllt in sein Fell, kann die ganz unambivalente optische Zuneigung genießen. Die schlafende Bekleidete in *Double Portrait*[89] hat den linken Arm über die Augen gelegt, in ihrem rechten Arm ruht ein Hund,[90] die Schnauze in der Handfläche, das linke Vorderbein auf der Beuge des rechten Arms, den Rücken angeschmiegt. Die beiden schlafen unterschiedlich. Der menschliche Schlaf ist unelegant, angestrengt, der Hundeschlaf wirkt weniger angespannt – aber kreatürlich ist auch da nichts. Der Hund liegt neben der Frau, weil da sein Platz ist, er schmiegt sich an, aber wendet sich ab. Das Zwittergängerische des Hundes ist bei Freud immer mitthematisiert, wenn er Hunde malt. Dieses Zwittergängerische ist die historische Basis für den Hund als multipräsentes Kommentartier in der Malerei (wenigstens der europäischen). Freuds Hunde aber sind keine Kommentartiere, sie kommentieren – *Portrait of the Hound* – allenfalls ihr zwittriges Dasein selbst. Wie der Hund in Liebermanns *Im Kahn*. Er schaut weg.

Anmerkungen

1   Die folgenden Überlegungen sind nicht lege artis – welche ars man auch immer damit meinen könnte. Sie vernachlässigen kunsthistorische Zuordnungen, d. h., sie kümmern sich nicht um Stil oder Stilepochen, sie kümmern sich nicht um sozialhistorische Gedanken etwa zum realen Leben mit Hunden zur Zeit der Bildentstehung. Sie beruhen nicht auf dem Versuch, einen Überblick über das Thema »Der Hund in der bildenden Kunst« zu gewinnen, sondern stützen sich auf das zufällig in meiner Bibliothek greifbare Material – darunter allerdings ein Buch, das seinerseits den Anspruch erhebt, einen Überblick über 5000 Jahre Hund-in-der-Kunst zu geben. Vielleicht ist der einzige Ertrag des Folgenden, daß die Leserin oder der Leser beim nächsten Museumsgang vor einem Bild ohne Hund sich fragen, welche Art Hund da wohl fehlt.
2   Hein.-Th. Schulze Altcappenberg, Lydia Rosía Dorn (Hg.), *Wir kommen auf den Hund. Werke aus fünf Jahrhunderten von Albrecht Dürer bis Dieter Roth.* Katalog der Sommerausstellung im Kupferstichkabinett (Berlin), Abb. 39 (S. 88).
3   Etwa bei Jacopo Bassano, wo übrigens zwei Hunde das Blut des Verwundeten auflecken (Tamsin Pickeral,

The Dog. 5000 Years of the Dog in Art, London 2010, S. 84).
4 Johann Wolfgang von Goethe, *Rembrand der Denker*, in: Ders., *Sämtliche Werke, Briefe Tagebücher und Gespräche*, Bd. 22, hg. von Anne Bohnenkamp, Frankfurt am Main, 1999, S. 919.
5 Goethe bezieht sich eindeutig auf diesen Stich, nicht auf das Gemälde, das dieselbe Szene, doch ohne Hund, zeigt.
6 Schulze Altcappenberg et al., S. 56 f.
7 Goethe, S. 920.
8 Schulze Altcappenberg et al., S. 56.
9 Ebd., S. 920.
10 Goethe, S. 1564 (Kommentar; die zitierten Werke sind: Susanne Heiland, Heinz Lüdecke, *Rembrandt und die Nachwelt*, Darmstadt 1960, und Ludwig Münz, *Die Kunst Rembrandts und Goethes Sehen*, Leipzig 1934).
11 Schulze Altcappenberg et al., S. 36 f.
12 Die optische Mitte ist nicht der Kreuzungspunkt der Diagonalen – obwohl sie das sein kann. Die optische Mitte ist der Ort, der das Auge zunächst auf sich fixiert und von dem aus man, immer wieder zu diesem Ort zurückkehrend, das Bild erschließt. Eine der lehrreichsten Übungen ist, festzustellen, wie der Maler / Zeichner es macht, das optische Zentrum *nicht*

mit der Diagonalenkreuzung zusammenfallen zu lassen. (Und wenn es doch mit ihr zusammenfällt, sich zu überlegen, warum.)

13 Oder einer Art, dem Wolf eng verwandt, die sich im Haushund sozusagen aufgelöst hat.

14 Vgl. Pat Shipman, *The Invaders. How Humans and Their Dogs Drove Neanderthals to extinction*, Harvard 2015.

15 Einige vielleicht zunächst als Findelwölfe aufgezogen, nachdem ihre Eltern menschlicherseits umgebracht worden waren – als Kindersatz, wer weiß, vielleicht ist die römische Sage um den Stadtgründer die Umkehrung?

16 Es gibt allerdings auch die aus Knochenfunden und den Ergebnissen von Züchtungen von Füchsen (man will sie zahm haben, um ihnen besser das Fell über die Ohren ziehen zu können) sich ergebende Beobachtungen, daß die Verhaustierung dieser Art von Säugetieren nur sehr wenige Generationen braucht.

17 Schulze Altcappenberg et al., S. 91.

18 Tamsin Pickeral, S. 134.

19 Ebd., S. 129.

20 Ebd., S. 131.

21 Ebd., S. 219.

22 Sabine Haag, Jasper Sharp, *Lucian Freud. Ausstellungskatalog des Kunsthistorischen Museums Wien*, München 2013, S. 131.

23 Pickeral, S. 133.
24 Ebd., S. 132.
25 Schulze Altcappenberg et al., S. 98.
26 Die Zeichnung ist an wenigen Stellen – Kragen, Haar, Gesicht, Ärmelfalten – weiß ankoloriert.
27 Schulze Altcappenberg et al., S. 94 f.
28 Caravaggio, *Die Kreuzesabnahme* (Cittá del Vaticano Pinacoteca).
29 Abgebildet in: Ernst Gombrich, *Die Geschichte der Kunst*, Berlin 2014, S. 195.
30 Ebd., S. 203.
31 Schulze Altcappenberg et al., S. 34 f.
32 Das Karls V. deutlich nicht. Die irritierende Nähe von Hundenase und dem Penisfutteral des Königs auf dem Gemälde Tizians von 1533 (Pickeral, S. 121) ist irgendwie – anders.
33 Nun, »goldnes Zeitalter«: aurea prima sata est aetas (Ovid, *Metamorphosen*, Thema des Bildes aber eben auch: ars amandi).
34 »Rembrandt painted a similar scene some thirty years earlier (…), but omitted the dog.« (Pickeral, S. 89)
35 Ebd.
36 Vgl. Jan Philipp Reemtsma, *Gewalt als attraktive Lebensform betrachtet*, in: *Mittelweg 36. Zeitschrift des Hamburger Instituts für Sozialforschung* 4 / 2015, S. 4-16.
37 Sigmund Freud, *Das Unbehagen in der Kultur* (Fn. 2),

in: Ders., *Gesammelte Werke, Bd. 14*, Frankfurt am Main 1976, S. 459.

38 (Nach Bartholomäus Spranger), in der Ausstellung *Wir kommen auf den Hund*, nicht im Katalog.

39 Zu sagen, der Hund »symbolisiere den Trieb«, ist allenfalls eine aus heuristischen Gründen zugelassene Verkürzung, Traumdeutung funktioniert ja ein wenig anders, aber immerhin. – Es sei denn, man habe Nikolai Konstantinovich Kalmakovs *Diana und Endymion* (Pickeral, S. 110) im Sinn –: dann allerdings!

40 Pickeral, S. 213.

41 Ebd., S. 214.

42 Ebd., S. 149 (English School, Dove-tailing; »this cartoon is a perfect example of the dog being used to emphasize both character and narrative«.)

43 Ebd., S. 147.

44 *Propyläen Kunstgeschichte, Bd. 8, Die Kunst des 16. Jahrhunderts*, hg. von Georg Kauffmann, Berlin 1970, Tafel 149.

45 Schulze Altcappenberg et al., S. 51.

46 Ebd., S. 53.

47 *Propyläen Kunstgeschichte, Bd. 8*, Tafel 31a (Jacopo Bassano, *Enthauptung Johannes' des Täufers* (ca. 1550). (Siehe auch 31b, Bassano, *Landschaft mit der Parabel vom Sämann*, wo ein andersfarbiger, aber exakt in derselben Weise zusammengerollter Hund schläft.)

48 Schulze Altcappenberg et al., S. 60 f.
49 Pickeral, S. 19.
50 *Propyläen Kunstgeschichte, Bd. 10, Die Kunst des 18. Jahrhunderts*, hg. von Harald Kessler, Berlin 1971, Farbtafel XLV.
51 (17. Jahrhundert) Pickeral, S. 106.
52 Ebd.
53 Bartholomäus Spranger, *Venus und Adonis I* (Kunsthistorisches Museum mit MVK u. ÖTM).
54 Corregio, *Die Entführung des Ganymed* (ca. 1530) (Kunsthistorisches Museum Wien).
55 Homer, *Ilias*, griechisch/deutsch, übersetzt von Hans Rupé, München 1974, XX, 233, S. 692/3.
56 Publius Ovidius Naso, *Metamorphoseon / Metamorphosen*, lateinisch/deutsch, herausgegeben und übersetzt von Hermann Breitenbach, Zürich 1964, X, 148 ff., S. 676 f.
57 Lukian von Samosata, *Jupiter und Ganymed*, in: *C. M. Wielands sämmtliche Werke. Siebenundvierzigster Band. Übersetzungen. Zweyter Band. Lucians Werke. Zweyter Theil*, Wien 1813, S. 40.
58 Ebd., S. 43 f.
59 Ebd., S. 46.
60 Sie war unglücklich-unzüchtig gestürzt und so zum Gespött geworden.
61 Christoph Martin Wieland, *Juno und Ganymed*, in:

Ders., *Comische Erzählungen. Combabus. Der verklagte Amor*, Hamburg 1984, S. 80.
62 So in der Erstausgabe, in den *Sämmtlichen Werken*.
63 (1764, Gruber 389).
64 Pickeral, S. 39.
65 Arno Schmidt, *Zettel's Traum*, Bargfeld 2010, S. 1285.
66 Nur in Kopien erhalten, die von Marcello Vernusti abgebildet in: Brigitte Sölch, *Ganymed*, in: Maria Moog-Grünwald (Hg.), *Mythenrezeption*, *Der neue Pauly*, Supplemente Bd. 5, S. 294.
67 M. Ficino, *Commentarium in Convivium Platonis des amore* (1469), zitiert in: Sölch, S. 293.
68 Wieland, *Juno und Ganymed*, S. 83.
69 Platon, *Nomoi*, 636 c-d.
70 Sölch, S. 295.
71 Schmidt, *Zettel's Traum*, a. a. O., S. 1492.
72 Christoph Martin Wieland, *Don Sylvio von Rosalva*, in: Ders., *Sämmtliche Werke Bd. 11 u. 12*, Leipzig 1795, Reprint Hamburg 1984, hg. von der »Hamburger Stiftung zur Förderung von Wissenschaft und Kultur« in Zusammenarbeit mit dem »Wieland-Archiv«, Biberach / Riß, und Dr. Hans Radspieler, Neu-Ulm, Bd. IV.
73 »Dieser würdige Mann nannte sich Rodrigo Sanchez und war (…) durch seine körperlichen Vorzüge merkwürdiger als durch die Annehmlichkeiten seines

Geistes. Er war ein untersetzter Mann von mittlerer Größe, hatte breite Schultern, krause Haare, kleine funkelnde Augen, die von großen schwarzen Augenbrauen wie von einem dunkeln Gebüsche beschattet wurden, eine große Habichtsnase, Beine, die im Notfall stark genug wären einen Atlas zu unterstützen« (S. 69).

74 Wieland, *Don Sylvio*, Bd. II, S. 3.

75 »Sie war vollkommen zwey Ellen und vier Daumen hoch, von einer Schulter zur andern beynahe so breit, und überhaupt so regelmäßig gebaut, daß ihr Kopf ungefähr den vierten Theil ihrer Höhe ausmachte, Hals, Brust und Unterleib aber sich so unmerklich in einander verloren, daß man unmöglich sehen konnte, wo eines anfing und das andere aufhörte.« Es geht noch eine Weile so weiter, Augen, Nase, Mund, Wangen, Ohren, Hände, Füße und ein zu üppiges Dekolleté (»ein Busen von einem so unmäßigen Umfange, daß er für eine Statue der Venus sehr füglich das Modell zu einem ganz andern Theil hätte abgeben können«) (S. 73 f.).

76 Wir lassen die Lanzelot-Möglichkeit außer acht, sie ergäbe überhaupt keinen Sinn.

77 Christoph Martin Wieland, *Rosemunde. Ein Singspiel in drey Aufzügen. In Musik gesetzt von Anton Schweitzer und im Jahre 1779 in Mannheim aufgeführt,* in:

Ders., Sämmtliche Werke, Bd. 26, Leipzig 1796, S. 73 ff., Reprint Bd. VIII.

78 Man kann es nachlesen: Jan Philipp Reemtsma, *Der Dolch der noch gebraucht werden will, und der Selbstmord, von dem keiner etwas weiß. Versuch einer Interpretation von Christoph Martin Wielands Libretto »Rosemunde«*, in: *Wieland-Studien 8*, hg. von Klaus Manger, der Christoph Martin Wieland-Stiftung Biberach und dem Wieland Forschungszentrum Oßmannstedt, Heidelberg 2013, S. 191 ff.

79 Heinrich II. wie seine Ehefrau Elinor / Eleanor sind historische Figuren, letztere ist die berühmte Eleonora von Aquitanien, deren Leben es überhaupt in sich hat.

80 Wieland, *Rosemunde (Vorbericht)*, S. 77 f.

81 Ja, doch, Woodstock, das englische zwar, doch love and peace, folks!

82 Christoph Martin Wieland, *Aurora und Cefalus*, in: Sämmtliche Werke Bd. 10, Leipzig 1795 S. 195 f., Reprint Bd. III.

83 Ausgelassen wurde die vollkommene Verselbständigung des Kommentar-Hunds zur eigenen Figur im Comic: Snoopy. (Wobei bemerkenswert ist, daß Snoopy sehr häufig der Wiedergänger bestimmter, von ihm phantasierter Menschen ist (etwa der rote Baron).

84 Geordie Greig, *Frühstück mit Lucian Freud*, München 2014, S. 251 (und Frontispiz Freud bei der Arbeit an diesem Bild).
85 Freuds Whippet Eli (Im Foto bei Greig, S. 20).
86 Kitty Garman.
87 Greig, S. 101.
88 Etwa: *And the Bridegroom* (Greig, S. 225).
89 Haag et al., S. 201.
90 Der Whippet Joshua (Hund des Modells).

Bildnachweis

akg-images, Berlin: Abb. 14, 17, 19, 23, 24; André Held: 38; Erich Lessing: 10, 27, 28, 30, 31

bpk, Berlin: Kupferstichkabinett, SMB: 26; Jörg P. Anders: 2, 3, 4; Dietmar Katz: 13; Volker-H. Schneider: 1, 12, 22; RMN – Grand Palais, Jacques L'Hoir und Jean Popovitch: 11

Bridgeman Images, Berlin: 7, 8, 18, 20, 21, 29, 34, 35, 36, 37, 39

dilibri Rheinland-Pfalz, Koblenz: 32

Getty Images, München: 5, 15, 25

The Metropolitan Museum of Art, New York: 16

Tate Gallery, London: 9

Yale Center for British Art, New Haven: 6

Für die Wiedergabe des Werkes von Otto Dix: © VG Bild-Kunst, Bonn 2021

Weitere Nachweise über das Bildarchiv des Insel Verlags.

2. Auflage 2021 © Insel Verlag Berlin 2017. Alle Rechte vorbehalten, insbesondere das der Übersetzung, des öffentlichen Vortrags sowie der Übertragung durch Rundfunk und Fernsehen, auch einzelner Teile. Kein Teil des Werkes darf in irgendeiner Form (durch Fotografie, Mikrofilm oder andere Verfahren) ohne schriftliche Genehmigung des Verlages reproduziert oder unter Verwendung elektronischer Systeme verarbeitet, vervielfältigt oder verbreitet werden. Bezugspapier: Federico Zuccaro, *Studie mit spanischem Windhund*, um 1564/65. © Volker H. Schneider, Kupferstichkabinett, SMB, bpk, Berlin. Gesetzt in der Schrift Adobe Garamond Pro. Gedruckt auf holzfreies, alterungsbeständiges mattgestrichenes Papier der Firma Papier Union, Hamburg, von der Memminger MedienCentrum AG. Gebunden in Fadenheftung von der Josef Spinner Großbuchbinderei GmbH, Ottersweier. Printed in Germany. Erste Auflage 2017
ISBN 978-3-458-19432-3